रज़ा पुस्तक माला

चन्द्रकान्ता (सन्तति) का तिलिस्म

आलोचना

रज़ा फ़ाउण्डेशन | THE RAZA FOUNDATION

चन्द्रकान्ता (सन्तति) का तिलिस्म

वागीश शुक्ल

राजकमल प्रकाशन

रज़ा पुस्तक माला : आलोचना
प्रधान सम्पादक : अशोक वाजपेयी | सम्पादक : पीयूष दईया
राजकमल प्रकाशन प्रा.लि. और रज़ा फ़ाउण्डेशन का सह-प्रकाशन

ISBN-978-93-88933-84-1

मूल्य : ₹ 350

पहला संस्करण : 2019

प्रकाशक : राजकमल प्रकाशन प्रा. लि.
11-बी, नेताजी सुभाष मार्ग, दरियागंज
नई दिल्ली-110 002

शाखाएँ : अशोक राजपथ, साइंस कॉलेज के सामने, पटना-800 006
पहली मंजिल, दरबारी बिल्डिंग, महात्मा गांधी मार्ग, इलाहाबाद-211 001
36 ए, शेक्सपियर सरणी, कोलकाता-700 017

वेबसाइट : www.rajkamalprakashan.com
ई-मेल : info@rajkamalprakashan.com

मुद्रक : यश प्रिंटोग्राफिक्स
नोएडा-201 301 (उत्तर प्रदेश)

CHANDRAKANTA (SANTATI) KA TILISM
by Wagish Shukla

आयुष्मान् वसुरात के लिए

आमुख

कलाओं में भारतीय आधुनिकता के एक मूर्धन्य सैयद हैदर रज़ा एक अथक और अनोखे चित्रकार तो थे ही उनकी अन्य कलाओं में भी गहरी दिलचस्पी थी। विशेषत: कविता और विचार में। वे हिन्दी को अपनी मातृभाषा मानते थे और हालाँकि उनका फ्रेंच और अंग्रेज़ी का ज्ञान और उन पर अधिकार गहरा था, वे, फ्रांस में साठ वर्ष बिताने के बाद भी, हिन्दी में रमे रहे। यह आकस्मिक नहीं है कि अपने कला-जीवन के उत्तरार्द्ध में उनके सभी चित्रों के शीर्षक हिन्दी में होते थे। वे संसार के श्रेष्ठ चित्रकारों में, २०-२१वीं सदियों में, शायद अकेले हैं जिन्होंने अपने सौ से अधिक चित्रों में देवनागरी में संस्कृत, हिन्दी और उर्दू कविता में पंक्तियाँ अंकित कीं। बरसों तक में जब उनके साथ कुछ समय पेरिस में बिताने जाता था तो उनके इसरार पर अपने साथ नवप्रकाशित हिन्दी कविता की पुस्तकें ले जाता था : उनके पुस्तक-संग्रह में, जो अब दिल्ली स्थित रज़ा अभिलेखागार का एक हिस्सा है, हिन्दी कविता का एक बड़ा संग्रह शामिल था।

रज़ा की एक चिन्ता यह भी थी कि हिन्दी में कई विषयों में अच्छी पुस्तकों की कमी है। विशेषत: कलाओं और विचार आदि को लेकर। वे चाहते थे कि हमें कुछ पहल करना चाहिये। २०१६ में साढ़े चौरानवे वर्ष की आयु में उनकी मृत्यु के बाद रज़ा फ़ाउण्डेशन ने उनकी इच्छा का सम्मान करते हुए हिन्दी में कुछ नये क़िस्म की पुस्तकें प्रकाशित करने की पहल *रज़ा पुस्तक माला* के रूप में की है, जिनमें कुछ अप्राप्य पूर्व प्रकाशित पुस्तकों का पुनर्प्रकाशन भी शामिल है। उनमें गाँधी, संस्कृति-

चिन्तन, संवाद, भारतीय भाषाओं से विशेषत: कला-चिन्तन के हिन्दी अनुवाद, कविता आदि की पुस्तकें शामिल की जा रही हैं।

कई बार क्लैसिक कृतियाँ भी आलोचनात्मक ध्यान में गहनता से नहीं आतीं, भले उनकी लोकप्रियता व्यापक और असंदिग्ध हो। 'चन्द्रकान्ता' और 'चन्द्रकान्ता सन्तति' ऐसे ही क्लैसिक हैं जिन पर आलोचना और अनुसन्धान का ध्यान खासी देर से, लगभग बीसवीं शताब्दी के अन्त पर, गया। गहरे विद्वान् और अनूठे आलोचक वागीश शुक्ल ने इस छोटी-सी पुस्तक में अध्यवसाय और सूक्ष्मता से इन दो कृतियों का विश्लेषण और आकलन किया है। रज़ा फ़ाउण्डेशन उनकी 'मनमानी बातों' को पुस्तकाकार प्रस्तुत करते हुए आश्वस्त है कि अब योग्य विचार और विश्लेषण की शुरुआत हो रही है।

अशोक वाजपेयी
अगस्त, २०१९, नयी दिल्ली

प्रस्तावना

यह आलेख मूलतः महात्मा गाँधी अन्तरराष्ट्रीय हिन्दी विश्वविद्यालय, वर्धा में आवासीय लेखक के रूप में रहते हुए बाबू देवकीनन्दन खत्री के उपन्यास **चन्द्रकान्ता** तथा उसके कथाक्रमागत उपन्यास **चन्द्रकान्ता-सन्तति** पर कुछ मनमानी बातें कहने के उद्देश्य से लिखा गया था। मैं विश्वविद्यालय के कुलपति प्रोफ़ेसर गिरीश्वर मिश्र समेत उसके सभी शैक्षणिक और शैक्षणिकेतर सदस्यों का समुचित वातावरण उपलब्ध कराने के लिए आभारी हूँ। श्रीमती जया त्रिपाठी, डॉ. अशोक नाथ त्रिपाठी तथा उनके प्रिय बालक आयुष्मान् अविरल त्रिपाठी और आयुष्मान् शान्तिद त्रिपाठी के नाते परदेस में भी घर मिला। आशीर्वाद दे रहा हूँ और ईश्वर से प्रार्थी हूँ कि ये लोग सर्वदा सुखी और समृद्ध रहें। मैं रज़ा फ़ाउण्डेशन और राजकमल प्रकाशन का आभारी हूँ जिन्होंने इसे प्रकाशित करने में रुचि दिखायी। श्री अशोक वाजपेयी का मुझ पर सदैव अहेतुक स्नेह रहा है, एक बार पुनः उनके प्रति कृतज्ञता प्रकट करना सुखकर है। उदयन वाजपेयी, मदन सोनी, ध्रुव शुक्ल और भोपाल के अन्य सभी मित्रों का निरन्तर प्रोत्साहन मुझे लिखने के लिए हमेशा सहारा देता रहा है, इसका स्वीकार भी उस सहारे का ही हिस्सा है। त्रुटियों को सुधारने में विक्रम भारद्वाज से बराबर सहायता मिलती रही है किन्तु कुछ भूलें बची ही होंगी जिनका सम्पूर्ण उत्तरदायित्व मेरा है।

—वागीश शुक्ल

आलम तिलिस्म+ए+शह्र+ए+ख़मोशाँ है सर बसर
या मैं ग़रीब+ए+किश्वर+ए-गुफ़्त+ओ+शुनूद था॥

—मिर्ज़ा ग़ालिब (का एक अल्पप्रचलित शेर)

[यह दुनिया ही ओर से छोर तक अनबोलतों की जादूबस्ती है या फिर मैं ही बोलने-सुनने के संसार में परदेसी था ?]

एक लम्बे उपन्यास को पढ़ना एक ऐसी स्त्री से विवाह बन्धन में बँध जाना है जिसकी किसी दूसरे को न तो ख़बर है और न ही परवाह।[१]

क्रम

पठन से पुन:पठन की ओर चन्द्रकान्ता

स्वर्गीय श्री देवकीनन्दन खत्री के उपन्यास **चन्द्रकान्ता** का लिखना १८८७ ईसवी में और छपना १८८८ में प्रारम्भ हुआ; इसके चारों भाग एक साथ एक जिल्द में १८९२ में छपे। छपने के साथ ही यह बहुत लोकप्रिय हो गया। १८९४ में खत्री जी ने अपनी मासिक पत्रिका **उपन्यास लहरी** प्रारम्भ कर दी और **चन्द्रकान्ता-सन्तति** का लिखना-छापना प्रारम्भ किया। इसके दो भाग छपने के बाद ही निम्नांकित टिप्पणी आ गयी थी :

> **चन्द्रकान्ता-सन्तति** का दूसरा भाग इस विषय पर हिन्दी में रची जा रही एक महान् कथाकृति की वर्तमान कड़ी है। इस भाषा में यह अपने तरह की अकेली रचना है और लोग इसे बहुत पढ़ते तथा पसन्द करते हैं। जब यह पूरी हो जायेगी तब यह उर्दू कथा-साहित्य की दो महाकाय कृतियों-**बोस्तान+ए+ख़याल** और **दास्तान+ए+अमीरहमज़ा**—से मुक़ाबिला करेगी। इस (**चन्द्रकान्ता-सन्तति**) की यह विशेषता है कि इसमें वे अश्लीलताएँ नहीं हैं जो इसके प्रतिद्वन्द्वी प्रकाशनों (**दास्तान+ए+अमीर-हमज़ा** और **बोस्तान+ए+ख़याल** में हैं।[२]

खत्री जी पर जो भी थोड़ी सी बातचीत आलोचना-साहित्य में हुई है, उसमें अधिकतर यही टिप्पणी फुला-फैला कर दुहरायी जाती रही है और इसकी 'लोकप्रियता' तथा 'उर्दू दास्तान से इसकी तुलनीयता' इन दोनों पक्षों पर ही ज़ियादा जोर रहा है।

लोकप्रियता के बावुजूद, या शायद लोकप्रियता के कारण ही, खत्री जी के लेखन पर आक्षेप भी कम नहीं हुए। ये आक्षेप मुख्यत: उनकी रचनाओं की सोद्देश्यता को लेकर थे, अर्थात् सवाल यह उठता था कि ऐसे उपन्यासों

को पढ़ने से समाज का क्या भला हो सकता है। इन आक्षेपों की परिणति के रूप में आचार्य रामचन्द्र शुक्ल ने इस उपन्यास के समेत खत्री जी के सारे साहित्य को 'घटना-प्रधान' बताया है और कहा है कि उनकी रचनाएँ 'साहित्य-कोटि' में आने वाली नहीं कहला सकतीं। इसके समर्थन में अपने **हिन्दी साहित्य का इतिहास** में उन्होंने जो युक्ति दी है उसका आशय यह है कि कथा-साहित्य में 'रस-संचार, भाव-विभूति और चरित्र-चित्रण' होना चाहिए और चूँकि उन्हें लगा कि खत्री जी के पात्रों का 'चरित्र-चित्रण' आदि सम्भव न होगा अत: उन्हें ये उपन्यास भी साहित्य-कोटि के न लगे। ऐसा कहने के ठीक बाद, खत्री जी के उपन्यासों के बरअक़्स किशोरी लाल गोस्वामी जी के उपन्यासों को उन्होंने साहित्य-कोटि के भीतर रखा है। किन्तु किशोरी लाल गोस्वामी जी के उपन्यासों पर जो आक्षेप होते थे उनमें वे आक्षेप तो शामिल ही थे जो खत्री जी के उपन्यासों पर लगते थे, उनके अतिरिक्त 'अश्लीलता' का भी एक आरोप अलग से लगता था और उनसे भी यह बराबर पूछा जाता रहा कि 'ऐसे उपन्यासों को पढ़ने से समाज का क्या भला हो सकता है।'

अत: जहाँ तक आचार्य शुक्ल की बात है यह मानना उचित होगा कि उनकी आपत्तियाँ खत्री जी के उपन्यासों में तिलिस्मी-ऐयारी-जासूसी तत्त्वों की उपस्थिति को लेकर उतनी नहीं थीं (क्योंकि ये तत्त्व तो किशोरी लाल गोस्वामी जी के उपन्यासों में भी थे ही) जितनी उनकी उपस्थिति की ज्यामिति को लेकर थीं—अर्थात् शुक्ल जी इन तत्त्वों को किशोरी लाल गोस्वामी जी के उपन्यासों में आख्यापन (= narration) की संरचना में हाशिये पर तथा सहायक भूमिका निभाता हुआ मानते थे और खत्री जी के उपन्यासों में केन्द्रस्थ तथा मुख्य भूमिका निभाता हुआ मानते थे। कमोबेश यही बात कमोबेश इन्हीं शब्दों में उस बहस के दौरान **समालोचक** पत्रिका ने कही भी थी जो खत्री जी के उपन्यासों पर **सुदर्शन**, **वेंकटेश्वर समाचार** और **समालोचक** जैसी पत्रिकाओं के बीच बीसवीं सदी के मोड़ पर चली थी।

खत्री जी के उपन्यासों के इस मूल्याङ्कन को प्रत्यक्ष या अप्रत्यक्ष रूप से स्वीकार करते हुए परवर्ती आलोचकों ने भी खत्री जी को हिन्दी साहित्य की चारदीवारी से प्राय: बाहर ही रखा है। इसका एक उदाहरण आचार्य हज़ारीप्रसाद द्विवेदी हैं जिन्होंने अपनी निर्विवाद सामर्थ्य के बावुजूद यह

लिख दिया कि इन उपन्यासों में 'लकलका' नामक एक मादक पदार्थ आता रहता है जिसे सूँघकर मनुष्य बेहोश हो जाता है जबकि सही शब्द (अरबी से लिया गया तत्सम) 'लख़लख़ा' है जो वस्तुतः एक सुगन्धित द्रव्य है और जिसका उपन्यास में वर्णित औषधीय गुण यह है कि उसको सूँघने से मनुष्य बेहोशी से होश में आता है।

प्रारम्भिक आचार्यों में 'हरिऔध' जी ने अवश्य खत्री जी की प्रशंसा की है और उन्होंने सम्भवतः अपने लेखन के शुरुआती दिनों में **सूर्यकान्ता** नामक उपन्यास भी **चन्द्रकान्ता** के अनुकरण पर लिखा। बाबू गुलाब राय, बाबू श्यामसुन्दर दास आदि का भी रुख़ प्रशंसात्मक ही था किन्तु कोई पुस्तक तो दूर, एक विस्तत समीक्षात्मक लेख भी खत्री जी पर नहीं उपलब्ध हुआ और चाहे 'भारतेन्दु-युग' की बात चले चाहे 'द्विवेदी-युग' की, खत्री जी का नाम प्रायः छूट ही जाता है। खत्री जी पर एक पतला-सा अभिनन्दन-ग्रन्थ १९६३ में उनके पारिवारिक प्रकाशन लहरी प्रेस से प्रकाशित हुआ था जिसमें कुछ रस्मी टिप्पणियाँ देकर अनेक मूर्धन्यों ने कर्तव्यनिर्वाह किया है।

बीसवीं सदी के अन्तिम दिनों से इस परिदृश्य में थोड़ा परिवर्तन आया है और बीच-बीच में कुछ लोगों ने खत्री जी पर (मुख्यतः **चन्द्रकान्ता** के सन्दर्भ में) ध्यान देना प्रारम्भ किया है जिनमें स्वर्गीय राजेन्द्र यादव[३] और प्रो. प्रदीप सक्सेना[४] शामिल हैं। अँग्रेज़ी में **चन्द्रकान्ता** पर लिखने वालों में फ्रांचेस्का ओर्सिनी (Francesca Orsini)[5], आर्थर डडने (Arthur Dudney), एलिसन बुश (Allison Busch), और दीक्षा गजभिये (Deeksa Gajbhiye) के नाम प्रमुख हैं। अप्रैल २०१३ में कोलम्बिया विश्वविद्यालय में **चन्द्रकान्ता** पर एक संगोष्ठी भी From Amir Hamza to Chandrakanta: How long a journey? शीर्षक से आयोजित हुई थी। कोलम्बिया विश्वविद्यालय की वेबसाइट columbia.edu पर अनेक प्रासंगिक निबन्ध उपलब्ध हैं। यहाँ भारती अरोरा ने **चन्द्रकान्ता** पर अँग्रेज़ी में काम किया है जिसका कुछ अंश edhvani वेबसाइट पर उपलब्ध है। मुमकिन है कुछ औरों ने भी खत्री जी पर काम किया हो। खत्री जी का प्रशंसक होने के नाते मैं इस कड़ी में कुछ जोड़ना चाहता हूँ।

खत्री जी के इस उपन्यास के 'पुनर्जीवन' का एक सन्दर्भ यह भी है कि

इधर अँग्रेज़ी-भाषी भद्रलोक में उर्दू की दास्तानगोई पर चर्चा बहुत गरम हो गयी है। पश्चिम में आचार्य शुक्ल के समय में 'साहित्य' की जो परिभाषा थी उससे अब वह थोड़ी विस्तृत हो गयी है और उर्दू की तिलिस्मी दास्तानों को अब न्यूयार्क टाइम्स तथा वाशिंगटन पोस्ट जैसे अख़बार विश्व-साहित्य की श्रेष्ठ रचना शुमार करने लगे हैं। इसके साथ ही, यद्यपि यह पहले से कहा जाता रहा है कि **चन्द्रकान्ता** पर उर्दू की दास्तानगोई का प्रभाव है, अब यह बात अँग्रेज़ी में कही जानी लगी है। इसलिए खत्री जी की भी वापसी विश्वविद्यालयीय परिसरों में हो रही है।[६]

इस 'उर्दू दास्तान का प्रभाव' की भी थोड़ी परीक्षा इस आलेख में की जायेगी। 'साहित्य-कोटि' के 'निर्धारण' का सवाल भी इससे जुड़ा है, कुछ उस पर सोचना भी ज़रूरी होगा। यह लेख लिखते समय मैं अपने पूर्ववर्ती विचारकों के लेखन से भी और इन्टरनेट पर बिखरी तमाम सामग्री से भी लाभान्वित हुआ हूँ जिसमें विशेष रूप से में Frances Pritchett द्वारा इन्टरनेट पर उपलब्ध कराये गये **दास्तान+ए+अमीर हमज़ा** के कुछ अंशों के अनुवाद तथा अनेक निबन्धों का उल्लेख करना चाहूँगा। किन्तु लेख में ग़लतियों की सारी ज़िम्मेदारी मेरी है और निष्कर्षों की भी। यत्र-तत्र मैंने अन्य आलोचकों से असहमति प्रकट की है किन्तु इसका उद्देश्य उनके किये गये काम का महत्त्व कम करना नहीं है।

हिन्दी और उर्दू के बीच चन्द्रकान्ता

सबसे पहले तो मैं फ्रांचेस्का ओर्सिनी द्वारा दी गयी इस सूचना की ओर ध्यान दिलाना चाहता हूँ कि १८९८ में खत्री जी द्वारा ही **चन्द्रकान्ता** उर्दू लिपि में प्रकाशित की जा चुकी थी।[७] ऐसी परिस्थिति में उस दावे पर सवाल उठाया जाना उचित है जिसके अनुसार बड़ी संख्या में लोगों ने हिन्दी (या यों कहें कि देवनागरी) इसलिए सीखी कि वे **चन्द्रकान्ता** पढ़ सकें। यद्यपि इस कथन को अनेक आचार्यों का समर्थन प्राप्त है, मेरी समझ में इस दावे का मूल स्वयं खत्री जी के इस कथन में है :

> यह बात बहुत से सज्जनों पर प्रकट है कि **चन्द्रकान्ता** पढ़ने के लिए बहुत से पुरुष नागरी की वर्णमाला सीखते हैं और जिनको कभी हिन्दी सीखना न था उन लोगों ने भी इसके लिए सीखी।
>
> –**चन्द्रकान्ता-सन्तति**, चौबीसवाँ भाग, आठवाँ बयान

यह **चन्द्रकान्ता-सन्तति** का समापन-वक्तव्य है जो १९०५ में पूरी छप चुकी थी। उर्दू लिपि में **चन्द्रकान्ता** इस समय तक खत्री जी द्वारा ही बाज़ार में उपलब्ध करायी जा चुकी थी। ऐसी स्थिति में मुझे लगता है कि खत्री जी का यह दावा कि **चन्द्रकान्ता** ने नागरी सीखने के लिए लोगों को विवश किया, परीक्षणीय है। ऐसा १८९८ तक रहा होगा किन्तु उसके बाद तो यह बिना नागरी सीखे उर्दू में भी पढ़ी जा सकती थी।

यह स्पष्ट है कि इस उर्दू संस्करण के अस्तित्व को हिन्दी साहित्य के इतिहास में कोई महत्त्व नहीं दिया गया। फ्रांचेस्का जी ने सूचना तो दी है किन्तु उन्होंने भी कोई टिप्पणी ऐसी नहीं की जिससे यह पता लगे कि **चन्द्रकान्ता** का उर्दू लिपि में उपलब्ध होना कोई महत्त्व की बात है।

परन्तु उन्नीसवीं सदी के उत्तरार्ध से प्रारम्भ होता हिन्दी–उर्दू का जो परस्पर प्राय: चर्चाधीन रहता है उसको समझने में यह सूचना नि:सन्देह महत्त्वपूर्ण है। मेरे अपने विचार में खत्री जी के इस विरोधाभासी कथन का यही अर्थ हो सकता है कि **चन्द्रकान्ता-सन्तति** का समापन–वक्तव्य लिखने तक, अर्थात् १९०५ तक, खत्री जी ने निश्चय कर लिया होगा कि अब तक जो हुआ सो हुआ अब आगे से **चन्द्रकान्ता** को उर्दू लिपि में न छापेंगे। लेकिन अगर ऐसा नहीं है तो यह उनकी एक कमज़ोरी को बताता है। किसी भी हाल में, यह अच्छा हुआ होता अगर इस जगह उन्होंने **चन्द्रकान्ता** को उर्दू लिपि में उपलब्ध कराने के बारे में कुछ 'सव्याख्या सूचना' जैसा लिख दिया होता। जो भी हो, इस पर कुछ और बात बाक़ी है जो तभी सोची–कही जा सकती है जब यह पता लग जाय कि **चन्द्रकान्ता** का उर्दू लिपि में प्रकाशन खत्री जी के यहाँ से कब तक होता रहा और वह केवल लिप्यन्तरण–मात्र था या सम्भावित भिन्न पाठक-वर्ग का ध्यान रखते हुए उसमें कुछ पाठान्तर भी किया गया।

यहाँ इस सत्यापन की आवश्यकता इसलिए है कि खत्री जी ने जिस समय लिखना प्रारम्भ किया, हिन्दी एक राजनीतिक लड़ाई लड़ रही थी जिसका सिर्फ़ एक छोर उस मोरचे से जुड़ता था जिस पर उसे १९०० ईसवी में अदालती कामकाज में देवनागरी अक्षरों में लिखी जाने वाली हिन्दी को मान्यता मिलने के रूप में जीत मिली। हिन्दी में लिखना-बोलना आज भी जोख़िम से ख़ाली नहीं अगर आप यह नहीं साबित करते रहते कि आप अँग्रेज़ी में दक्ष हैं किन्तु जब की हम बात कर रहे हैं तब कार्यालय न्यायालय और विद्यालय की निचली सीढ़ी पर भी चढ़ने के लिए वह अधिकृत नहीं थी और उसे जो टाट–पट्टी आज बैठने को मिल जाती है वह भी नसीब नहीं थी। तब 'हिन्दी' पश्चाद्वर्ती 'स्वदेशी' और 'खादी' की तरह ही एक राजनीतिक संकल्प की ध्वजवाहिका थी। खत्री जी ने सचेष्ट भाव से **चन्द्रकान्ता** को इस राजनीतिक कर्म का एक उपकरण बताया है और इस उपकरण की धार की परख हमें करनी चाहिए।

मैं यह करने की कोशिश इस आलेख में कुछ आगे चलकर करूँगा। ऐसा करते समय उर्दू संस्करण की (कुछ समय के लिए) उपलब्धता को कोई महत्त्व न देना ही ठीक है।

'दास्तान' और चन्द्रकान्ता

जैसा हम ऊपर देख चुके हैं, **चन्द्रकान्ता** के छपने के साथ ही इसपर ध्यान जाने लगा था कि इसके ऊपर उर्दू की 'दास्तान'-विधा का प्रभाव है और यह भी महत्त्वपूर्ण माना गया था कि इसमें उन दास्तानों की सी अश्लीलता नहीं है। पहले प्रायः इतना ही कहकर छोड़ दिया जाता था। किन्तु इस बीच यह चर्चा कुछ और व्यवस्थित ढंग से हो रही है जिसका दिशा-निर्देशन कुछ पश्चिमी शोधकर्ताओं ने निर्धारित किया है जो अँग्रेज़ी में लिख रहे हैं (और उनसे सहमत अनेक भारतीय आलोचक भी प्रायः उन्हीं की बातें दुहराते रहते हैं)। शोध-निष्कर्षों की इस दिशा का निर्धारण भारतीय साहित्य की तरफ़ ध्यान देने वाले विदेशी विद्वानों के सामान्य चिन्तन के अनुरूप है और प्रस्तुत सन्दर्भ में इसकी जुगत दो कोरों को धार देने की है : पहली यह कि खत्री जी ने 'नये ज़माने के लिए नये ढंग की दास्तान लिखी' और दूसरी यह कि 'खत्री जी मुस्लिम-विरोधी थे'। इन निष्कर्षों और उन तक पहुँचाने वाले तर्कों की कुछ पड़ताल भी आगे की जायेगी यद्यपि इस निबन्ध का उद्देश्य केवल प्रतिवाद और सहवाद तक सीमित नहीं है।

फ़ारसी से उर्दू तक 'दास्तान' का सफ़र

'दास्तान' प्राचीन ईरानी भाषा का शब्द है और जहाँ तक मालूम है इसका अर्थ 'कथा' ही है। इसका संक्षिप्त रूप 'दस्ताँ' भी फ़ारसी में इस्तेमाल होता है और इस संक्षिप्त रूप में इसका अर्थ 'गीत' भी होता है। 'कथा-

कहानी' से जुड़े हुए 'कोरी गप, झूठ, चालबाज़ी' आदि भी इसके अर्थ हैं। तुर्की भाषा में यह शब्द ले लिया गया है और वहाँ 'पूर्वजों की वीर-गाथा' के रूप में इसकी एक सम्माननीय अर्थच्छटा है। दास्तान का निकट सम्बन्ध नींद से रहा है और श्रीमन्तों के यहाँ दरबार में निजी दास्तान-गो (= कहानी कहने वाले) हुआ करते थे जो रात को कहानी सुनाकर उनके लिए नींद बुलाने का काम करते थे। फ़ारसी और उर्दू साहित्य में 'ख़्वाब' (= नींद) तथा अफ़साना (= कहानी) के जोड़े वाले हज़ारों शेर मिलेंगे, यह जोड़ा 'शमा-परवाना' और 'गुल-बुलबुल' के जोड़ों जैसा ही है। मेरी समझ में यह अप्रासंगिक नहीं है कि सर्वाधिक प्रसिद्ध दास्तान, **दास्तान+ए+अमीर हमज़ा**, में एक प्रमुख विपक्षी खलनायक का नाम 'बख़्तक' है और 'बख़्तक' फ़ारसी में ऐसे पिशाच को कहते हैं जो नींद में बाधा पहुँचाता है। मुझे कुछ आश्चर्य है कि अध्येताओं का ध्यान इस ओर नहीं गया है और उन्होंने 'बख़्तक' का अर्थ 'कम-बख़्त' माना है।

कवियों की तरह ही दास्तान-गो भी राज्याश्रय पाते थे और ईरान के शाह इस्माइल के दास्तान-गो ज़ैनुल-आबिदीन तकलतू ख़ान, अकबर के दास्तान-गो इनायतुल्ला दरबार ख़ान, जहाँगीर के दास्तान-गो मुल्ला असद जैसे नाम भी यत्र तत्र मिलते हैं जिन्हें दरबारी पद हासिल थे। देखा-देखी सामन्त और श्रीमन्त भी अपने यहाँ दास्तान-गो रखते थे। किन्तु सभी दास्तान-गो निजी घरों में नौकरी नहीं पाते थे और वे स्वतन्त्र व्यवसायी के रूप में भी उपलब्ध थे। इनकी श्रेणियाँ भी थीं ही, कुछ को मिर्ज़ा ग़ालिब जैसे रईस अपने घर में महफ़िल जमाने के लिए बुलाते थे किन्तु कुछ चन्डूखानों में कहानी सुनाया करते थे या फिर चौराहों पर मजमा जुटाकर भी अपनी कला के बल पर कुछ कमा सकते थे। यहाँ यह ध्यान रखना चाहिए कि आज हम जिस कला को 'दास्तानगोई' कह रहे हैं उसमें 'क़िस्साख़्वानी', 'नक़्क़ाली', 'भँड़ैती', 'स्वाँग', ये सभी कलाएँ शामिल थीं और इनके कला-कर्मियों को अपने-अपने भाग्य के अनुसार दरबारों से लेकर चौराहों तक जगह मिलती थी। शायद इस कला में सार्वजनिक रूप से फूहड़ चुटकुले सुनाना भी शामिल था क्योंकि 'अफ़साना' सुनाने का एक अर्थ यह भी है।[८] जब हम 'दास्तान' कहते हैं तो हमें ये सारी अर्थच्छटाएँ ध्यान में रखनी होंगी।

यों तो अल्फ़-लैला आदि भी दास्तानें ही हैं, किन्तु केन्द्रीय मॉडल के

रूप में **दास्तान+ए+अमीर हमज़ा** ही ली जाती है। यह कथा फ़ारसी, तुर्की, अरबी, मलय, सूडानी जैसी कई भाषाओं में उपलब्ध थी और अनुमान किया जाता है कि भारत में महमूद ग़ज़नवी के साथ आ चुकी थी। बाबर ने इसका नापसन्दगी के साथ ज़िक्र किया है किन्तु अकबर को यह बेहद पसन्द थी और उसने इसका चौदह सौ चित्रों में चित्रांकन भी करवाया था। कहते हैं कि नादिर शाह ने जब दिल्ली लूटी तो जिस एक चीज़ को वापस लौटाने के लिए मुहम्मद शाह ने उससे प्रार्थना की थी वह यही चित्र-कथा थी। इस चित्र-कथा के कोई डेढ़ सौ चित्र आज तक बचे हुए हैं। यहाँ इस ओर भी हमारा ध्यान जाना चाहिए कि जायसी के **पद्मावत** में रतनसेन को छुड़ाकर जब पद्मावती चित्तौड़ वापस लौट रही है तो गोरा-बादल और अलाउद्दीन की सेना के युद्ध में अलाउद्दीन की ओर से लड़ने वालों में अमीर हमज़ा और उनके कुछ सेनापतियों का नाम शामिल है, अर्थात् यह दास्तान भारत में शेरशाह के समय में जनप्रचलित हो चुकी थी।[१]

दास्तानों का कोई 'मूल-पाठ' नहीं होता और प्रत्येक दास्तान-गो अपने ढंग से जोड़-घटाव करते हुए दास्तान सुनाता है। अत: किसी मूल 'फ़ारसी पाठ' की खोज बहुत अर्थवान् नहीं है किन्तु **रुमूज़-ए-हमज़ा** नामक एक फ़ारसी पुस्तक का प्रकाशन ईरान से १८५७ में हुआ था जो शायद किसी प्राचीन पाण्डुलिपि पर आधारित थी। यह **दास्तान+ए+अमीर हमज़ा** की ही एक पुरानी प्रस्तुति है। फ़ारसी में यह दास्तान चौराहों पर जनसाधारण के लिए भी सुनायी जाती थी। मीर तक़ी (प्रसिद्ध उर्दू कवि मीर तक़ी 'मीर' से भिन्न) ने मुहम्मद शाह के समय में इसे चौराहे पर ही सुना और एक चुनौती के रूप में एक विशाल कथा-पुस्तक **बोस्तान+ए+ख़याल** की रचना की। यह फ़ारसी में थी और मीर तक़ी ने लिखा है कि एक क़िस्सा-ख़्वान (= पेशेवर कहानी सुनाने वाला) ने यह टिप्पणी की कि 'इन्होंने यह कहानी फ़ारसी में लिखी है किन्तु दिलचस्प कहानी तो वह होती है जो हिन्दी में लिखी जाय'। इससे यह लगता है कि अठारहवीं सदी के मध्य तक उर्दू में भी दास्तानगोई का रोज़गार चल निकला था और फ़ारसी में दास्तानगोई को चुनौती दे रहा था। फ़ारसी में लिखी गयी **बोस्तान+ए+ख़याल** के कई उर्दू अनुवाद बाद में चलकर हुए जिनमें से एक की भूमिका मिर्ज़ा ग़ालिब ने लिखी थी।

जो भी हो, फ़ोर्टविलियम कॉलेज के ख़लील ख़ाँ 'अश्क' ने उर्दू में एक विशालकाय **दास्तान+ए+अमीर हमज़ा** लिख दी थी जो १८०१ में छपी। इसमें उन्होंने 'मूल फ़ारसी पाठ' का श्रेय महमूद ग़ज़नवी के दरबारी साहित्यकारों को दिया है। मिर्ज़ा ग़ालिब को यह कथा बेहद पसन्द थी और उन्होंने लिखा है कि इसे ईरान में 'रुमूज़' और भारत में 'दास्तान' कहते हैं। मेरा अनुमान है कि मिर्ज़ा ग़ालिब ने यह उर्दू पुस्तक देखी थी यद्यपि विद्वान् यह मानते हैं कि उनके सामने केवल फ़ारसी पाठ था। मेरी समझ में इस कथा के लिए 'दास्तान' शब्द उर्दू में ही आकर रूढ़ हुआ।

यद्यपि मिर्ज़ा ग़ालिब से लेकर रामपुर के नवाब कल्ब+ए+अली ख़ाँ तक दास्तान सुनने के शौक़ीन थे और अन्तिम दास्तान–गो मीर बाक़र अली देहलवी की मृत्यु १९२८ में हुई बतायी जाती है, वस्तुतः यह कला अपने वाचिक स्वरूप में उन्नीसवीं सदी के अन्त तक समाप्त हो चुकी थी। उर्दू दास्तान को आज तक बचाये रखने का सम्पूर्ण श्रेय मुंशी नवल किशोर को है जिन्होंने इसे बड़े पैमाने पर छापना प्रारम्भ किया। यह ध्यान रखना चाहिए कि जब उन्होंने दास्तान छापी तब आधुनिक अर्थ में उपन्यास उर्दू में आने लगे थे। यह मुंशी नवल किशोर के प्रकाशन का ही असर था कि 'दास्तान' फ़ारसी में १९०९ तक और उर्दू में १९३९ तक छपी (यद्यपि सभी प्रकाशन उनके यहाँ से ही नहीं हुए) तथा अनेक पाण्डुलिपियाँ तैयार हुईं जिनमें से बहुत सी तो छप ही नहीं पायीं। मुंशी नवल किशोर ने १८५८ में लखनऊ में अपना प्रेस शुरू करने के साथ ही प्रारम्भिक प्रकाशन के अन्तर्गत ख़लील ख़ाँ 'अश्क' की **दास्तान+ए+अमीर हमज़ा** को पुनर्मुद्रित किया और फिर उसका एक विस्तृत स्वरूप मौलवी अब्दुल्ला बिलग्रामी से लिखवाकर १८७९ में छपवाया। मुंशी नवल किशोर ने इस दास्तान को तोताराम 'शायाँ' से लिखवाकर एक मसनवी के रूप में भी १८६२ में ही प्रस्तुत कर दिया था।

हमारे लिए यह बहुत महत्त्वपूर्ण तथ्य है कि मुंशी नवल किशोर ने हिन्दी में भी 'नागरी लिपि के प्रेमियों के लिए' इस दास्तान को **अमीर हमज़ा की दास्तान** के नाम से पण्डित काली चरन और महेशदत्त से लिखवाकर १८७९ में ही छपवाया। इस प्रकार यह अब्दुल्ला बिलग्रामी वाले संस्करण के साथ ही छपी। प्राप्त सूचनाओं के अनुसार यह फ़ारसी–बहुल

'हिन्दुस्तानी' में न होकर संस्कृतनिष्ठ हिन्दी में लिखी गयी है और इसमें कथा के बीच में उर्दू-फ़ारसी के शेर नहीं, कवित्त-सोरठा-चौपाई आदि दिये हुए हैं। एक महत्त्वपूर्ण प्रकाशकीय टिप्पणी में, इस **अमीर हमज़ा की दास्तान** को 'आल्हा-ऊदल की कथा' से तुलनीय बताया गया है। इन बातों पर यथास्थान आगे चर्चा करेंगे। यहाँ इतना ही प्रासंगिक है कि खत्री जी की **चन्द्रकान्ता** के प्रकाशन से पहले यह दास्तान नागरी लिपि में आ चुकी थी और इस प्रकार 'ऐयार' तथा 'तिलिस्म' नागरी लिपि के पाठकों के लिए अपरिचित न रह गये होंगे। इसलिए **चन्द्रकान्ता** की भूमिका में किया गया खत्री जी का यह दावा कि "इन ऐयारों का बयान हिन्दी किताब में अभी तक मेरी नज़रों से नहीं गुज़रा" इसी अर्थ में स्वीकार्य है कि किसी मौलिक हिन्दी रचना में ऐयारों का उल्लेख न हुआ होगा।

अब्दुल्ला बिलग्रामी ने जो **दास्तान+ए+अमीर-हमज़ा-साहिबक़िरान** लिखी वह वस्तुतः एक अन्य ग्रन्थ, **तर्जुमा+ए+दास्तान+ए+साहिब-क़िरान** का पुनर्लेखन है। जिसे 'ग़ालिब' लखनवी ने लिखा था और जो कलकत्ते से १८५५ में छपी थी। ये 'ग़ालिब' लखनवी महाकवि मिर्ज़ा ग़ालिब के समकालीन थे और मिर्ज़ा ग़ालिब से इनका सम्बन्ध इतना ही है कि मिर्ज़ा ग़ालिब ने इनके उस्ताद 'क़तील' को बराबर 'खत्री-बचा' (चूँकि इस्लाम क़ुबूल करने के पहले 'क़तील' हिन्दू थे और उनका नाम 'दिलवाली सिंह खत्री' था) कहते हुए उनकी फ़ारसीदानी पर आक्षेप किये हैं। ग़ालिब लखनवी ने अपने को टीपू सुल्तान के बड़े बेटे का दामाद बताया है और ये स्वयं भी अपने उस्ताद 'क़तील' की तरह पहले हिन्दू थे फिर धर्मपरिवर्तन करके मुसलमान बने जिसके बाद इनका पूरा नाम मिर्ज़ा अमन अली ख़ाँ हुआ। 'लखनवी' होने के बावुजूद ये अधिकतर पटना और बंगाल के अन्य भागों में रहे और कलकत्ते में बस गये जहाँ इन्होंने यह पुस्तक एक हकीम साहब के छापेख़ाने से छपवायी। जिस तज़किरे में इनका यह संक्षिप्त परिचय दिया है उसमें इस पुस्तक को **क़िस्स०+ए+अमीर-हमज़ा** कहा गया है अतः 'क़िस्सा' और 'दास्तान' में काव्यशास्त्रीय फ़र्क़ करने की जो कोशिशें कभी-कभार होती रहती हैं उन पर बहुत ध्यान देना लाभप्रद नहीं है।

यहाँ मैं ग़ालिब लखनवी से दो उद्धरण सामने रखना चाहता हूँ जिनका

इस आलेख के लिए केन्द्रीय महत्त्व है। पहला यह है :

> नौशेरवाँ की दाढ़ी–मूँछड्डे पेशाब से मूँड़ के हम०तन बरहन० कर के हाथपाँव तो नील से रँगे और मुँह काला करके चूने के टीके दिये।[१०]
>
> [**हम०तन बरहन०** = पूर्णतया वस्त्रहीन]

इस उद्धरण में दो बातें ध्यान देने की हैं। पहला यह कि जिस नौशेरवाँ की इतनी दुर्गति अमीर हमज़ा के प्रमुख योद्धा अमर ऐयार के द्वारा की गयी है वह फ़ारसी साहित्य में बहुत समादृत है जिसका न्याय आदर्श के रूप में माना जाता है।

इस उद्धरण की दूसरी महत्त्वपूर्ण बात इसका बेबाक फूहड़पन है जिसका हास्य नितान्त असभ्य है। ये दोनों बातें आगे चर्चा में आयेंगी।

दूसरा उद्धरण है :

> इस दास्तान में चार चीज़ें हैं : रज़्म (= युद्ध), बज़्म (= मदिरापान की गोष्ठी), तिलिस्म, और ऐयारी।

इसके कोई पचास बरस बाद लिखते हुए अब्दुल हलीम 'शरर' ने दास्तान में इन्हीं चार चीज़ का होना ज़रूरी बताया किन्तु उन्होंने 'तिलिस्म' की जगह 'हुस्न+ओ+इश्क़' रखा। इस परिवर्तन का कारण समीक्षकों द्वारा विचाराधीन है किन्तु श्री शम्सुर्रहमान फ़ारूक़ी का मत स्वीकार करने लायक़ लगता है। उन्होंने बताया है कि 'शरर' साहब की इस बात के पीछे 'दास्तानगोई की ईरानी परम्परा का प्रभाव' है क्योंकि अब्दुन्नबी फ़ख़रुज़्ज़ुमानी नामक एक ईरानी दास्तानगो ने, जो जहाँगीर के समय में रोज़ी–रोटी की तलाश में भारत पहुँचे, अपनी पुस्तक **तिरज़ुल्–अख़बार** में इन्हीं चार चीज़, अर्थात् रज़्म, बज़्म, हुस्न+ओ+इश्क़, और ऐयारी का होना एक दास्तान में आवश्यक बताया है।

इसका यह अर्थ निकलता है कि ग़ालिब लखनवी ने दास्तान–विधा के काव्यशास्त्र में भी कुछ जोड़ा। पहली बात यह है कि उन्होंने 'हुस्न+ओ+इश्क़' को स्वतन्त्र जगह नहीं दी और उसे 'बज़्म' में ही अन्तर्भुक्त कर लिया। इस प्रकार दास्तान में शत्रु–पक्ष की युवतियों के उन पर मोहित हो जाने के नाते स्व–पक्ष के योद्धाओं द्वारा जो विवाह–सम्बन्ध किये गये वे केवल उन युवतियों के भोग्या–भाव को वैधता देने

के लिए किये गये। इन आकर्षणों में लैला-मजनूं या शीरीं-फ़रहाद वाली गम्भीरता न थी जिनमें माशूक़ को हासिल करने के लिए आशिक़ दर-बदर भटकता और इसी को अपना सर्वस्व मानता है। ये युवतियाँ 'माशूक़' नहीं, 'मंज़ूर+ए+नज़र' लगती हैं और वह भी ऐसी जिनसे भद्दी छेड़छाड़ करना स्व-पक्षीय योद्धाओं के लिए अस्वाभाविक नहीं है। दूसरी बात यह है कि 'तिलिस्म', अर्थात् जादू-मन्तर, पहले भी दास्तान में आते थे किन्तु उन्हें दास्तान के वास्तु में एक स्तम्भ का स्वतन्त्र महत्त्व ग़ालिब लखनवी ने ही दिया। 'उर्दू की दास्तान' पर ग़ालिब लखनवी का ही काव्यशास्त्र लागू हुआ।

चन्द्रकान्ता (सन्तति): दास्तान की उर्दू से हिन्दी में 'शुद्धि'?

जैसा ऊपर बताया जा चुका है, उर्दू दास्तानों को बचा रखने का श्रेय मुंशी नवल किशोर को है। यह हम कह आये हैं कि **दास्तान+ए+अमीर-हमज़ा** को मुंशी नवल किशोर ने 'अश्क'-लिखित, ग़ालिब-लखनवी-अब्दुल्ला-बिलग्रामी-लिखित, तोताराम 'शायाँ'-लिखित और पण्डित-कालीचरन-लिखित, इन चार संस्करण में छपवाया। किन्तु वे इतने पर ही नहीं रुके। अन्ततः उन्होंने अपने प्रकाशन से **दास्तान+ए+अमीर-हमज़ा** का एक बिलकुल नया ही पुनर्लेखन छियालिस खण्डों के एक बृहत् आयोजन के रूप में छापा जो ग़ालिब लखनवी+अब्दुल्ला बिलग्रामी वाली **दास्तान+ए+अमीर-हमज़ा** की कोठरी को महल में बदलने जैसा था। इसमें अनेक लेखक लगे (और यह फिर भी इस अर्थ में अधूरा ही रह गया कि अनेक उत्साही लेखकों ने कथा को आगे बढ़ाते हुए पाण्डुलिपियाँ तैयार कीं जो छप नहीं पायीं)। ये पूरे छियालीस खण्ड एक साथ एक छत के नीचे इस समय केवल श्री शम्सुर्रहमान फ़ारूक़ी के निजी पुस्तकालय में बताये जाते हैं। इसके साथ ही मुंशी नवल किशोर ने **बोस्तान+ए+ख़याल** का भी स्वयं अपनी ओर से अनुवाद कराकर अपने यहाँ से कई खण्डों में छपवाया।

छियालीस खण्डों वाले महाकाय **दास्तान+ए+अमीर-हमज़ा** में अन्ततः आठ 'दफ़्तर' बने जिनका प्रकाशन इसके पहले दफ़्तर **नौशेरवाँ-नामा**

से नहीं, पाँचवें दफ़्तर **तिलिस्म+ए+होशरुबा** से १८८३ में प्रारम्भ हुआ। तब से लेकर यह १९१७ तक लिखा और छापा जाता रहा। जहाँ तक मालूम है, इस **तिलिस्म+ए+होशरुबा** (= 'होश उड़ा देने वाला तिलिस्म') को बुनियादी तौर पर लखनऊ के एक दास्तान-गो मीर अहमद अली ने गढ़ना तथा सुनाना शुरू किया। यह सर्वथा मौलिक और मनगढ़न्त रचना थी किन्तु उन्होंने इसे **दास्तान+ए+अमीर-हमज़ा** के एक सुपरिचित कथा-बिन्दु से नत्थी करके बढ़ाया और घोषित किया कि यह **दास्तान+ए+अमीर-हमज़ा** का ही एक हिस्सा है। यह मानने वाले बहुत रहे होंगे कि **दास्तान+ए+अमीर-हमज़ा** को अकबर के समय में फ़ैज़ी ने लिखा था, इन्होंने भी यही कहा और इस प्रकार **तिलिस्म+ए+होशरुबा** भी फ़ैज़ी को अपने 'मूल फ़ारसी पाठ' के लेखक के रूप में पा गयी। इस कथा को बेहद पसन्द किया गया और अन्ततः अपने एक शिष्य मुहम्मद अमीन ख़ाँ को लखनऊ में यह दास्तान सुनाने के लिए छोड़कर अपने दो अन्य शिष्य मुंशी अम्बा प्रसाद 'रसा' और हकीम असग़र अली ख़ान के साथ रामपुर के नवाब के नेवते पर मीर अहमद अली रामपुर चले गये। मुंशी अम्बा प्रसाद 'रसा' अब तक मुसलमान हो गये थे और इनका बेटा ग़ुलाम रज़ा भी साथ में था। यह कोई १८५० के आसपास की बात है। १८८० तक चौदह जिल्दों में ग़ुलाम रज़ा ने रामपुर में **तिलिस्म+ए+होशरुबा** लिख ली थी। वैसे एक खण्ड ख़ुद नवाब साहब ने भी लिखा, उधर लखनऊ में मुहम्मद अमीन ख़ाँ ने भी दो खण्ड लिख रखे थे।[११]

यह पता नहीं है कि मुंशी नवल किशोर के लिए जब मुहम्मद हुसैन 'जाह' ने **तिलिस्म+ए+होशरुबा** लिखनी शुरू की तो इन पाण्डुलिपियों और तत्कालीन दास्तान-गो लोगों से उन्होंने कितना लाभ उठाया किन्तु उन्होंने पुस्तक रूप में भी इसे अत्यन्त लोकप्रिय बना दिया। चार खण्ड लिखने के बाद उनकी नवल किशोर प्रेस से नहीं पटी और अहमद हुसैन 'क़मर' ने इसे आगे बढ़ाया। घनी छपाई के कोई आठ हज़ार बृहदाकार पृष्ठों में फैले हुए इस **तिलिस्म+ए+होशरुबा** को ही उर्दू दास्तान का प्रतिनिधि-ग्रन्थ माना जाता है। आगे से हम इसे केवल **होशरुबा** लिखेंगे।[१२]

खत्री जी की **चन्द्रकान्ता** का प्रकाशन **होशरुबा** के चार-पाँच बरस बाद प्रारम्भ हुआ और पूरी उर्दू दास्तान के साथ-साथ ही खत्री जी भी अपने

इस उपन्यास के 'दफ़्तरों' के रूप में **चन्द्रकान्ता-सन्तति** और **भूतनाथ** लिखते-छपवाते रहे।[१३] इस प्रकार खत्री जी की यह उपन्यास-शृंखला प्रतिक्रियात्मक न होकर वैकल्पिक कही जानी चाहिए।

तुलना के लिए **होशरुबा** से एक उद्धरण लेते हैं।

> एक औरत...एक झाड़ी में पेशाब करने बैठ गयी...अमर[१४] ने...उस औरत को कि पेशाब कर रही थी, कमन्द मारी। उसने ग़ुल मचायी। अमर ने गेंद ऐयारी का उसके मुँह में डाल दिया और थोड़ी बेहोशी उसके मुँह पर मल दी। वह बेहोश हो गयी। उसे एक दरख़्त से बाँधा और आईना निकाल अपने सामने रखा। रंग+ओ+रौग़न ऐयारी को अपने मुँह में लगाया और उसकी सूरत देखकर वैसी ही सूरत बनायी और पोशाक उसकी उतारकर आप पहनी और उसे छोड़कर बजल्दी तमाम इन औरतों में जाकर जो आगे जाती थीं मिल गया। उन्होंने उसे अपने साथवाली समझकर कहा, "ऐ शगूफ़ा तू बड़ी देर में आयी, वहाँ क्या करती थी?" अमर समझा कि जिसे तू बेहोश कर आया है उसका नाम शगूफ़ा है।
>
> —**होशरुबा** जिल्द अव्वल, पृ. ८।

अब इसी के साथ एक उद्धरण चन्द्रकान्ता से रखते हैं :

> तेजसिंह फाटक के अन्दर घुस गये और नज़रबाग़ में पहुँचे। देखा कि हाथ में रोशनी लिये सामने से एक लौंडी चली आ रही है। तेजसिंह ने फुर्ती से पास जाकर उसके गले में कमन्द मारी और ऐसा झटका दिया कि वह चूँ तक न कर सकी और ज़मीन पर गिर पड़ी। तुरत उसे बेहोशी की बुकनी सुँघायी और जब बेहोश हो गयी तो उसे वहाँ से उठाकर किनारे ले गये। बटुए में से सामान निकाल मोमबत्ती जलायी और सामने आईना रख अपनी सूरत उसी के जैसी बनायी, इसके बाद उसको वहीं छोड़ उसी का कपड़ा पहिन महल की ओर रवाना हुए और वहाँ पहुँचे जहाँ चन्द्रकान्ता चपला चम्पा और दो एक लौंडियों के साथ बैठी बात कर रही थी। लौंडी की सूरत बने तेजसिंह भी एक किनारे जाकर बैठ गये।
>
> तेजसिंह को देख चपला बोली, "क्यों केतकी जिस काम के लिए मैंने तुझको भेजा था वह तू कर आयी जो चुपचाप आकर बैठ रही है?" चपला की बात सुन तेजसिंह को मालूम हो गया कि जिस लौंडी को मैंने बेहोश किया है या जिसकी सूरत बनकर आया हूँ उसका नाम केतकी है।
>
> —**चन्द्रकान्ता**; पहिला भाग चौथा बयान

इन दो दृश्यों में वर्णन-साम्य स्पष्ट है किन्तु 'पेशाब कर रही औरत' को कमन्द मार कर गिराने में और 'सामने से चली आ रही औरत' को कमन्द मारकर गिराने में एक अन्तर है, कहा जा सकता है कि खत्री जी **होशरुबा** का 'अश्लीलांश-विवर्जित' संस्करण हिन्दी में बना रहे थे। इसलिए **होशरुबा** का 'अश्लीलांश' खत्री जी की नज़र में क्या था यह समझना ज़रूरी है।

खत्री जी की नज़र में भी 'अश्लीलांश' वही था जो उनके समकालीन हिन्दी विद्वानों की नज़र में था और जो प्राय: आज भी हिन्दी-भाषी समाज की नज़र में है। **हमज़ा** का अँग्रेज़ी में अनुवाद आ चुका है और **होशरुबा** का अँग्रेज़ी अनुवाद छप रहा है किन्तु मैं नहीं समझता कि इन दोनों में से किसी का देवनागरी में रूपान्तरण कभी भी सम्भव है—होंगी हिन्दी और उर्दू दो सगी बहनें किन्तु यदि वे दो भाषाएँ मानी जाती हैं तो ऐसा उचित और सकारण है। बहुत सी चीज़ें जो उर्दू में छपती हैं, हिन्दी में नहीं छप सकतीं। ज़टली या चिरकीन का काव्य-संग्रह, रेख़ती-साहित्य और हज़्व-साहित्य का बहुलांश, हिन्दी में नहीं छप सकता किन्तु उर्दू में वे 'मुख्य-धारा' से बाहर के ग्रन्थ नहीं माने जाते। कारण क्या है इसे समझने के लिए आपको यह ध्यान रखना होगा कि सितम्बर २०१४ में प्रधानमन्त्री की अमरीका-यात्रा के दौरान राजदीप सरदेसाई ने एक प्रवासी भारतीय से विवाद के दौरान कथित रूप से जिस अँग्रेज़ी अपशब्द का प्रयोग किया उसका हिन्दी अनुवाद प्रस्तुत करने में अपने ब्लाग पर लिखते हुए अर्चना वर्मा ने असमर्थता प्रकट की। मैं यह नहीं कहता कि यह हिन्दी का कोई गुण या दोष है किन्तु यह उसकी प्रकृति अवश्य है।

नवजागरण की राह पर कुछ दूर चन्द्रकान्ता

किन्तु 'जुगुप्सा-अश्लील' और 'व्रीडा-अश्लील' को बचा जाने से आगे बढ़कर खत्री जी ने तिलिस्म को तिलिस्म से और ऐयारी को ऐयारी से बचाना चाहा है। 'तिलिस्म' का अर्थ 'इन्द्रजाल' होता है और खत्री जी ने हरचन्द कोशिश की है कि उनके तिलिस्म को जादू-टोने से नहीं, कल-पुर्जों से समझा-समझाया जाय; इस अर्थ में उन्होंने 'तिलिस्म' को 'तिलिस्म' से बचाया है। 'ऐयारी को ऐयारी से बचाना' कहने से मेरा क्या तात्पर्य है यह नीचे दिये गये दो उद्धरण से कुछ स्पष्ट हो जायगा।

> जब लश्कर+ए+अमीर हम्ज़ा० हिन्दुस्तान को तस्ख़ीर करने आया था उसी ज़माने में अमर ने मज़ार+ए+अन्बिया अलैहिस्सलाम[१५] की ज़ियारत की और वहाँ अमर को एक ग़नूदगी (= झपकी) आयी। आलम+ए+ख़ाब में जमाल-बा-कमाल चन्द अन्बिया का देखा और अमर से उन्होंने फ़रमाया कि हमारे मज़ार के रौज़े में ज़ंबील वग़ैरह अशिया+ए+ऐयारी रखे हुए हैं।
>
> **ज़ंबील** एक **कीस०** (= बटुआ) है कि अलावा इस दुनिया के एक आलम उसमें भी आबाद है। जब तुम चाहोगे उसमें से हर चीज़ जो माँगोगे निकलेगी और जो चाहोगे वह उसमें रखोगे। **गिलीम+ए+ऐयारी** ऐसी है कि जब तुम उसे ओढ़ लोगे तुम सब को देखोगे और तुम्हें कोई न देखेगा।
>
> और जाल+ए+इलियासी (= हज़रत इलियास नामक पैग़म्बर का जाल) यह सिफ़त रखता है कि अगर करोड़ों मन के वज़न की चीज़ हो मगर जब तुम जाल फेंकोगे वह सवा सेर की होकर उसमें आ जायेगी...
>
> और **कमन्द+ए+आसफ़ी** (= हज़रत सुलेमान के वज़ीर आसफ़ की कमन्द) को फेंककर जितना कहोगे घट जायेगी और बढ़ने को कहोगे बढ़ जायेगी और

किसी चीज़ से न वह कटेगी न टूटेगी।

और देवजाम० (= 'दैत्य का कपड़ा'; फ़ारसी में 'देव' का अर्थ 'दैत्य' होता है) जब पहिनोगे सात रंग बदलेगा ...।

—**होशरुबा** जिल्द अव्वल, पृ. ७

अब इसी के साथ इस पर ध्यान देते हैं कि **चन्द्रकान्ता** के ऐयार तेजसिंह को भी कुछ अद्भुत चीज़ें प्राप्त हुई हैं। उन्हें छह पत्थर के फूल मिले हैं जिनके भीतर कुछ गुण हैं—जैसे गुलाब का फूल जिसे घिसकर अगर पानी पी लिया जाय तो कोई बेहोशी सात दिन तक असर न करे, मोतिये का फूल जिसे घिसकर पानी कुएँ में डाल दें तो चार घण्टे तक यह असर रहे कि जो पानी पिये बेहोश हो जाय, आदि। किन्तु एक बहुत बड़ा अन्तर है। पहली बात यह है कि तेजसिंह को ये फूल तिलिस्म के भीतर मिले हैं, किसी मन्दिर या समाधि में दैवी आशीर्वाद के स्वरूप नहीं। दूसरी बात यह है कि इन फूलों के अस्तित्व का तर्क औषधीय है।

विशिष्ट शक्तियों की प्राप्ति से लेकर उनके अस्तित्व तक के जादुई या धार्मिक तर्कों को खत्री जी अस्वीकार करते हैं। बात को कुछ और साफ़ समझने के लिए एक उद्धरण **चन्द्रकान्ता** से रखते हैं :

हाँ एक चीज़ की कसर रह गयी, लोपांजन या कोई गुटका इस तिलिस्म में से इनको ऐसा न मिला जिससे ये लोगों की नज़रों से छिप जाते और अच्छा ही हुआ जो न मिला नहीं तो इनकी ऐयारी की तारीफ़ न होती क्योंकि जिस आदमी के पास कोई ऐसी चीज़ हो जिससे वह ग़ायब हो जाय तो फिर ऐयारी सीखने की ज़रूरत ही क्या रही। ग़ायब होकर जो चाहा कर डाला।

—**चन्द्रकान्ता** दूसरा भाग छब्बीसवाँ बयान

यह अमर ऐयार और उसके रचयिता दास्तान-गो पर बहुत स्पष्ट व्यंग्य है। यह भी याद रखने की ज़रूरत है कि **चन्द्रकान्ता** और उसके क्रमागत **चन्द्रकान्ता-सन्तति** आदि में भी इन फूलों का कोई ख़ास इस्तेमाल नहीं हुआ है। यह बात आगे चलकर उतनी सच न रह गयी और **चन्द्रकान्ता-सन्तति** के तिलिस्मी ख़ंजर और **भूतनाथ** तथा **रोहतासमठ** की तिलिस्मी पोशाकों ने बड़ी उड़ानें भरी हैं किन्तु फिर भी वे उड़ानें विज्ञान-माया (= science fantasy) की ही कोटि में आती हैं क्योंकि हर एक की 'वैज्ञानिक' व्याख्या मौजूद है; यहाँ तक कि **भूतनाथ** तथा **रोहतासमठ**

की 'आत्मायुक्त' तिलिस्मी पुतलियाँ भी वर्तमान समय के 'इन्टेलिजेन्ट रोबॉटिक्स' को देखते हुए सम्भव जान पड़ती हैं। हम यह भी याद कर लें कि **भूतनाथ** तथा **रोहतासमठ** के रचयिता श्री दुर्गाप्रसाद खत्री ऐसी कथाएँ भी रचते थे जो 'विज्ञान-कथा' कही जा सकती हैं। श्री दुर्गाप्रसाद खत्री पर कुछ चर्चा हिन्दी आलोचना में अलग से भी होनी चाहिए, वह फिर कभी।

'विश्वसनीयता' के सिलसिले में शायद महत्त्वपूर्ण प्रयास खत्री जी ने 'ऐयारों के भेस बदलने' के सिलसिले में किया है। राजेन्द्र यादव ने जब यह लिखा कि खत्री जी के पाठक को "यह मानकर चलना चाहिए कि हर कोई हर किसी की सूरत बना सकता है। आदमी हो या औरत, किसी की भी शक्ल बनाकर सब आपस में एक-दूसरे को धोखा दे सकते हैं", तो उन्होंने इस पर ध्यान नहीं दिया कि खत्री जी ने **चन्द्रकान्ता** की भूमिका में 'बहुरुपियों' के पेशे से इस भेस बदलने को तर्कसंगत ठहराने की चेष्टा की है न ही इस बात पर कि—

> चपला माधवी की सूरत तो बनी मगर उसकी और माधवी की उम्र में बहुत कुछ फ़र्क़ था। कोतवाल भी बड़ा धूर्त और चालाक था। सूर्य की चमक में जब उसने माधवी की सूरत अच्छी तरह देखी और बातों में भी कुछ फ़र्क़ पाया फ़ौरन उसे खुटका पैदा हुआ और वह बड़े ग़ौर से उसे सिर से पैर तक अपनी निगाह के तराजू में तौलने और जाँचने लगा। चपला समझ गयी कि अब कोतवाल को शक पैदा हो गया...
>
> —**चन्द्रकान्ता-सन्तति**, दूसरा भाग, सातवाँ बयान

ध्यान देने की बात है कि यहाँ कोतवाल कोई ऐयार नहीं है और चपला सबसे बड़ी ऐयारा है जिसकी ऐयारी शायद पूरे उपन्यास में पहली बार पकड़ी जाती है। क्यों? इसलिए कि "चपला माधवी की सूरत तो बनी मगर उसकी और माधवी की उम्र में बहुत कुछ फ़र्क़ था।" खत्री जी अपने पाठक को यह नहीं समझाना चाहते कि "यह मानकर चलना चाहिए कि हर कोई हर किसी की सूरत बना सकता है," वे तो चन्द्रकान्ता की भूमिका में ही कह रहे हैं कि उपन्यास को पढ़ने से "सबसे ज़्यादे फ़ायदा तो यह है कि ऐसी किताबों का पढ़ने वाला जल्दी किसी के धोखे में न पड़ेगा।"

इसका यह अर्थ नहीं है कि हर चीज़ की व्याख्या की गयी है या हर व्याख्या मन में बैठ जाने वाली है। उदाहरण के लिए अनेकत्र हम यह

पाते हैं कि किसी ऐयार ने किसी लड़की को बेहोश कर दिया और उसके कपड़े पहनकर उसका रूप बनाकर अपना काम निकाला। इसका अर्थ क्या होता है यह सिर्फ़ एक बार सामने आता है, और वह तब जबकि उपन्यास-माला में ऐसा पहली बार होता है। हम यह पाते हैं :

> मार के ख़ौफ़ से नाज़िम को असल हाल कहना ही पड़ा। वह बोला, "चम्पा को मैंने ही बेहोश किया था, बेहोशी की दवा छिड़ककर फूलों का गुच्छा उसके रास्ते में रख दिया जिसको सूँघकर वह बेहोश हो गयी तब मैंने उसे मालती लता के कुंज में डाल दिया और उसकी सूरत बन उसके कपड़े पहिर तुम्हारी तरफ़ चला आया। लो मैंने सब हाल कह दिया, अब छोड़ दो।"
>
> चपला ने कहा, "ठहर, अभी छोड़ती हूँ।" मगर फिर भी दस-पाँच ख़ूबसूरत कोड़े और जमा ही दिए यहाँ तक कि नाज़िम बिलबिला उठा, तब चपला ने चन्द्रकान्ता से कहा, "सखी, तुम इसकी निगहबानी करो, मैं चम्पा को ढूँढ़कर लाती हूँ। कहीं यह पाजी झूठ न बोलता हो!"
>
> चम्पा को खोजती हुई चपला मालती लता के पास पहुँची और बत्ती बाल कर ढूँढ़ने लगी। देखा कि सचमुच चम्पा एक झाड़ी में बेहोश पड़ी है। और बदन पर उसके एक लत्ता भी नहीं है। लख़लख़ा सुँघाकर होश में लायी और पूछा, "क्यों, मिज़ाज कैसा है, खा गयी न धोखा !" चम्पा ने कहा, "मुझे क्या मालूम था कि यहाँ ऐयारी होगी ? इस जगह फूलों का एक गुच्छा पड़ा था जिसको उठाकर सूँघते ही मैं बेहोश हो गयी, फिर न मालूम क्या हुआ। हाय हाय, न मालूम किसने मुझे बेहोश किया, मेरे कपड़े भी उतार लिये, बड़ी लागत के कपड़े थे!"
>
> वहाँ पर नाज़िम के कपड़े पड़े हुए थे जिनमें से दो एक लेकर चपला ने चम्पा का बदन ढाँका और तब यह कहकर कि "मेरे साथ आ में उसे दिखलाऊँ जिसने तेरी ऐसी हालत की!" चम्पा को साथ लेकर उस जगह आयी जहाँ चन्द्रकान्ता और नाज़िम थे।
>
> —**चन्द्रकान्ता**, पहिला भाग तीसरा बयान

हम देखते हैं कि चम्पा के बदन पर 'एक लत्ता भी न होना' किसी भी प्रकार की यौन असहजता को उद्वेलित नहीं करता, चम्पा की चिन्ता यह नहीं कि जिसने कपड़े उतारे उसने उसे निर्वस्त्र देखा बल्कि यह है कि चोरी गये कपड़े बड़े लागत के थे। चपला भी चम्पा का बदन ढाँकने तक तो सोचती है किन्तु यह नहीं कहती कि जा पहले ठीक से कपड़े

पहन ले। यह लेखन की दृष्टि से खटकने वाली बात है क्योंकि खत्री जी के सभी पात्र हमारी परिचित नैतिक संरचना में खपाये गये हैं।

यह भी देख लेना चाहिए कि **होशरुबा** में जिस शगूफ़ा नाम की युवती का रूप अमर ऐयार धरता है उसका क्या हाल होता है। अमीर हमज़ा का पुत्र बदीउज़्ज़माँ तिलिस्म में फँस गया है, उसी को छुड़ाने अमर ऐयार तिलिस्म में घुसा है, इधर तिलिस्म की राजकुमारी 'तस्वीर जादू' बदीउज़्ज़माँ पर मोहित हो गयी है और शगूफ़ा 'तस्वीर जादू' की सेविका है। 'तस्वीर जादू' सोच में डूबती–उतराती जा रही है कि :

> यकायक सामने से उसकी कनीज़ शगूफ़ा बदन से नंगी रोती हुई आकर पहुँची।... शगूफ़ा शाहज़ादी के पाँवों पर गिरी और अर्ज़ किया कि "ऐ मलिका, मैं आपके साथ चली आती थी, राह में रफ़अ+ए+इहतियाज को गयी; एक झाड़ी में से एक शख़्स निकला और उसने नहीं मालूम क्या किया। मैं बेहोश हो गयी। वह मुझे नंगा करके एक दरख़्त से बाँधकर चला गया। जब मुझे होश आया, आयन्द+ओ+रवन्द को मन्नत करके बुलाया और अपने तईं रिहा कराकर आपकी ख़िदमत में चली थी, शुक्र ख़ुदा का फिर हज़रत की सूरत नज़र आयी।" वाज़े हो कि यह वह शगूफ़ा है जिसकी सूरत अमर बनकर मलिका के साथ गया था।
>
> ग़रज़ मलिका को इस माजरे के सुनने से हैरत हुई और दिल में कहा कि 'इस माजरे को मख़फ़ी करो, शायद कोई दोस्त शाहज़ादा बदीउज़्ज़माँ का उसकी शक्ल बनकर उनकी रिहाई की फ़िक्र में वहाँ ठहरा है। मालूम हुआ कि वह शगूफ़ा नहीं कोई और है और अगर इस हाल की चर्चा करूँगी, शरारा आगाह होगी, वह बेचारा भी गिरिफ़्तार होगा।'
>
> ग़रज़ शाहज़ादे की मुहब्बत से कुछ ख़ाला का भी मलिका ने पास न किया और कनीज़ों को बुलाकर शगूफ़ा को और कपड़े दिलवाये और कहा, "देखो यह मस्तानी मेरे साथ से मलिका शरारा पास रह गयी थी, इसलिए कि मलिका को जाने दो तो मैं अकेली जो जी में आवे वह करूँ। आख़िर नहीं मालूम कहाँ गयी थी कि अपने कपड़े भी छिनवा आयी।" हरचन्द शगूफ़ा ने कहा 'वारी मुझ पर यह सानिहा गुज़रा', मलिका ने कहा, "चल झूठी मुझे कब यक़ीन आता है। क़सम सामरी की, अब जो मुझसे ऐसी बातें करेगी, सज़ा दिलवाऊँगी।" ग़रज़ उसको धमका दिया...।
>
> —**होशरुबा** जिल्द अव्वल, पृ. १२

होशरुबा में स्थिति भिन्न है, शगूफ़ा एक तो सेविका है दूसरे परपक्ष की है इसलिए रचयिता ने उसकी दुर्दशा का बखान थोड़ा चटखारे लेकर किया है किन्तु **चन्द्रकान्ता** की चम्पा स्वपक्ष की है और सामाजिक स्तर भी उसका नीचा नहीं है। अत: खत्री जी व्याख्येच्छु होते हुए भी अपनी व्याख्या को अधूरी असहज स्थिति में छोड़ देने को विवश हुए हैं।

खत्री जी को ऐसे ग्रन्थकार के रूप में देखना चाहिए जिसने मूल ग्रन्थ के साथ-साथ 'कठिन स्थलों' पर टीका भी लिखी है और कभी-कभार कुछ समीक्षात्मक भी उसी में लिखा है। वे उन लेखकों में से थे जो अपने पाठक पर पूरा यक़ीन नहीं करते और उसे पढ़ने का तरीक़ा भी साथ-साथ बताते चलते हैं। इस तरीक़े में औपन्यासिक वर्णन की 'विश्वसनीयता' एक बुनियादी शर्त थी जिसे निभाने की ज़िम्मेदारी लेखक की होती थी। यहाँ यह कहा जा सकता है कि इसका कारण ऐयारी-तिलिस्मी कथाओं पर लगने वाले आरोप थे जिनमें 'अ-विश्वसनीयता' का आरोप सर्वप्रमुख था। किन्तु खत्री जी अपने उपन्यासों पर लगने वाले इन आरोपों के पहले ही, अपना (और हिन्दी का भी) पहला ऐयारी-तिलिस्मी उपन्यास **चन्द्रकान्ता** लिखते समय ही, इसके लिए सचेष्ट हैं कि उनके वर्णन तर्कसंगत हों। उदाहरण के लिए जब चन्द्रकान्ता का सामना तिलिस्मी बगुले से होता है तो हमें खत्री जी घटना-वर्णन के बीच में ही बताते हैं :

> कुमारी को चपला ने बहुत ढीठ कर दिया था। कभी-कभी जब ज़िक्र आ जाता तो चपला यही कहती थी कि दुनिया में भूत-प्रेत कोई चीज़ नहीं, जादू-मन्त्र सब खेल-कहानी है, जो कुछ है ऐयारी है। इस बात का कुमारी को भी पूरा यक़ीन हो चुका था। यही सबब है कि चन्द्रकान्ता इस बगुले के मुँह खोलने और पर फैलाने से नहीं डरी, अगर किसी दूसरी ऐसी नाज़ुक औरत को कहीं ऐसा मौक़ा पड़ता तो शायद उसकी जान निकल जाती।
>
> —**चन्द्रकान्ता**, दूसरा भाग, तेरहवाँ बयान

कथा को आगे बढ़ाते हुए भी यह बात खत्री जी के मन में बराबर रहती है कि उनकी रचना में आये तिलिस्मी चमत्कारों को कोई दैवी चमत्कार न मान लिया जाय और वे इसकी याद बराबर दिलाते रहते हैं कि "चाहे तिलिस्म ही हो मगर इसके बनाने वाले तो आदमी ही थे। जो

बात मनुष्य के किये नहीं हो सकती वह तिलिस्म में भी नहीं दिखायी जा सकती।''[१६]

किन्तु जैसा कि हम अभी देखेंगे, इसका यह अर्थ क़तई नहीं है कि खत्री जी स्वयं यह मानते या पाठक से यह मनवाना चाहते हैं कि 'दुनिया में भूत-प्रेत कोई चीज़ नहीं।'

ज्योतिष और चन्द्रकान्ता

राजेन्द्र यादव ने खत्री जी के बारे में यह तो ठीक ही लिखा है कि उन्होंने अपने उपन्यास में ज्योतिष को युक्ति की तरह इस्तेमाल किया है और उसे बिना किसी तार्किक व्याख्या के स्वीकार कर लिया है किन्तु इसको लेकर खत्री जी की हँसी उड़ाने की क्या ज़रूरत थी और अगर थी तो तान्त्रिक क्रियाओं तथा अन्य पराभौतिकताओं पर विश्वास रखने वाले प्रेमचन्द जी को क्यों हँसी उड़ाने लायक़ नहीं समझा गया यह समझ में नहीं आता। ख़ैर! प्रगतिशील हिन्दी आलोचना के खरगोश में तर्क-संगति का सींग खोजने में समय नष्ट करने से अच्छा है कि विचाराधीन कृति पर ही ध्यान दिया जाय।

खत्री जी के तिलिस्म में जितना अलौकिक और अव्याख्येय तत्त्व है वह सब ज्योतिष पर ही आधारित है और कथावस्तु के संयोजन में भी ज्योतिष पर खत्री जी ने बहुत विश्वास प्रकट किया है किन्तु उन्होंने इस विद्या से सम्पन्न केवल एक ही पात्र, जगन्नाथ ज्योतिषी, गढ़ा है जो पूर्णकालिक ज्योतिषी भी नहीं है, मूलत: एक ऐयार ही है। जगन्नाथ ज्योतिषी के ज्योतिष का निर्णायक उपयोग तब[१७] हुआ है जब वे मृतप्राय बीरेन्द्र सिंह से चन्द्रकान्ता के विवाह और उनके दो पुत्रों के जन्म की भविष्यवाणी करते हुए **चन्द्रकान्ता-सन्तति** की नींव रखते हैं। किन्तु उनकी और उनके ज्योतिष की भूमिका आगे चलकर कम होते हुए लगभग समाप्त हो जाती है। इसका कारण यह नहीं है कि खत्री जी अपने उपन्यास में ज्योतिष को महत्त्व नहीं दे रहे हैं। ज्योतिष का महत्त्व तो बढ़ता ही जाता है और आगे चलकर हम देखते हैं कि इस उपन्यास में आये तिलिस्मों को बनवाने वाले महाराज विक्रमादित्य तथा महाराज सूर्यकान्त के ज्योतिषियों का विचारा-कहा अक्षरश:

सिद्ध होता जाता है तथा वे कभी भी धोखा नहीं खाते, तिलिस्म वीरेन्द्र सिंह को तोड़ना है तो वीरेन्द्र सिंह ही तोड़ते हैं और सुदूर भविष्य में जन्म लेने वाले वीरेन्द्र सिंह का शारीरिक गठन तक उन ज्योतिषियों को मालूम था जिसके नाते वह ऐसा खम्भा बनाकर रख गये जो वीरेन्द्र सिंह के हाथ से ही छह हाथ तीन अंगुल का ठहरा। दूसरी तरफ़ जगन्नाथ ज्योतिषी की ज्योतिष-विद्या तिलिस्मी मामलों में कुछ काम नहीं करती और उनकी सहायता से कोई ख़ास काम नहीं निकलता। मेरी समझ में यह एक विचारणीय बात है और जगन्नाथ ज्योतिषी तथा उनके ज्योतिष पर थोड़ा ध्यान देना खत्री जी की सर्जना को समझने के लिए उपयोगी होगा।

जगन्नाथ ज्योतिषी को यद्यपि 'ज्योतिषी' कहा गया है किन्तु वे वस्तुत: 'रम्माल' हैं अर्थात् 'रमल फेंककर' ही वे अपनी सारी जानकारी प्राप्त करते हैं। यही रमल है जो तिलिस्म में काम नहीं करता और जिसके लिए स्वयं जगन्नाथ ज्योतिषी का ही कहना है :

> भाई सुनो, रमल के काम में ये चारों पदार्थ—हवा, पानी, मिट्टी और आग हमेशा विघ्न डालते हैं। अगर कोई आदमी ज्योतिषी या रम्माल को छकाना चाहे तो इन चारों के हेरफेर से ख़ूब छकाया जा सकता है। ज्योतिषी बेचारा ख़ाक न कर सके, पोथी-पत्रा बेकार का बोझ हो जाय।
>
> —**चन्द्रकान्ता**, तीसरा भाग, चौथा बयान

हम देखते हैं कि खत्री जी 'रमल' की सफलता के लिए नहीं उसकी अ-सफलता के लिए तर्क दे रहे हैं और 'कोई आदमी' रम्माल को छका सकता है अगर वह 'चाहे'। इस 'रमल-विद्या' का विस्तृत परिचय देना यहाँ न आवश्यक है, न अभीष्ट, और न सम्भव; किन्तु यह 'अ-सफलता का तर्क' कुछ ठिठकाता है। मेरी समझ में इस सिलसिले में यह जानना प्रासंगिक है कि यह विद्या वैसे चाहे जहाँ से दुनिया में फैली हो, भारत में अरबों से प्राप्त मानी जाती है। यह भी शायद इस आलेख के लिए प्रासंगिक हो कि **होशरुबा** के लेखक मुहम्मद हुसैन 'जाह' के पिता एक 'रम्माल' थे।

और इसका यह 'इस्लामी-पन' ही इसकी 'अ-सफलता का तर्क' भी है। रमल-विद्या में चार की संख्या का बहुत महत्त्व है और इसकी कई दार्शनिक व्याख्याएँ प्रस्तुत की जाती हैं जिनमें सर्वप्रचलित यह है कि यह

चार तत्त्वों—आग, हवा, पानी और मिट्टी—का प्रतिनिधित्व करती है जिनसे यह संसार बना है। यह 'चार तत्त्व' इस्लामी चिन्तन की विशेषता है—भारतीय सनातन चिन्तन 'आकाश' जोड़ते हुए इनकी संख्या पाँच बताता है (यद्यपि यह महत्त्वपूर्ण है कि चार्वाक दर्शन में तत्त्व-संख्या यही चार है)। इस चार की संख्या और इस व्याख्या को ही आधार बनाकर यह 'अ-सफलता का तर्क' खत्री जी ने गढ़ा है।

'रमल' वस्तुतः अरबी भाषा के शब्द 'रम्ल' का भारतीय उच्चारण है जिसका अर्थ 'बालू' है और यह मूलतः बालू पर रेखाएँ खींचकर बनी आकृतियों के आधार पर भविष्य बताने का विज्ञान है। भारत में और अन्यत्र भी प्रायः '**क़ुर्अ०**' (= पासा) फेंककर उनके पड़ने के आधार पर कुछ आकृतियाँ बनायी जाती हैं और यहाँ प्रचलित विधि के अनुसार रेखा और बिन्दु के बने ऊर्ध्वाधर चतुष्कों के ही आधार पर भविष्य बताया जाता है। ध्यान से देखने पर पता चलेगा कि ऐसे कुल सोलह चतुष्क सम्भव हैं (जैसे ऊर्ध्वाधर क्रम से चार बिन्दु, तीन बिन्दु एक रेखा, ..., चार रेखाएँ)। इस विद्या की तेरहवीं सदी के प्रसिद्ध अरबी विद्वान् इब्न ख़ाल्दून ने बड़ी निन्दा की है और इसे उन कम-इल्मों की विद्या कहा है जिनके पास ज्योतिष का पूरा ज्ञान नहीं है। अस्तु, जब भारतीय ज्योतिषियों ने रमल फेंकना शुरू किया तो उन्होंने इन चतुष्कों के नाम अरबी से संस्कृत में ज्यों-के-त्यों ले लिये और 'बायें से दायें लिखना' तथा 'अबजद क्रम'[१८] जैसी अरबी बातें बरकरार रखीं किन्तु उसका भीतरी-बाहरी चोला बदल दिया।

इस विद्या के अनेक ग्रन्थ अरबी, फ़ारसी और उर्दू में है किन्तु मेरी नज़र में जो तीन पुरानी पुस्तकें हैं वे संस्कृत या हिन्दी में हैं। एक परमसुख उपाध्याय कृत **रमलनवरत्न** १८१० ईसवी में संस्कृत में लिखा गया है जिसपर पण्डित बस्तीराम शास्त्री की १८९२ ईसवी में लिखी भाषा-टीका है। ये पण्डित बस्तीराम शास्त्री काशी के प्रसिद्ध विद्वान् थे और खत्री जी के समकालीन थे; मेरी समझ में जगन्नाथ ज्योतिषी को इन्हीं या इन्हीं जैसे किसी पण्डित की छवि से गढ़ा गया है। दूसरा ग्रन्थ है **रमल-दानियाल** नामक किसी ग्रन्थ पर इन्हीं पण्डित बस्तीराम शास्त्री का लिखा भाषा-वार्तिक जो १८९२ में ही लिखा गया है। मूल ग्रन्थ अपने नाम से अरबी या फ़ारसी या उर्दू का लगता है, विशेषतः इसलिए भी कि यह

विद्या हज़रत जिबरील नामक फ़िरिश्ते से हज़रत दानियाल नामक पैग़म्बर को मिली बतायी जाती है, किन्तु भाषा-वार्तिक ब्राह्मणों को दान देने की बात बराबर करता है और इसे एक 'हिन्दू ग्रन्थ' मानना ही ठीक है। तीसरे ग्रन्थ **रमल-गुलज़ार** का परिचय भूमिका में यों दिया गया है :

> कहा जाता है कि यह ग्रन्थ यवनाचार्यों ने बनाया है और यूनान से श्रीमहाराज विक्रमार्क देव के समय में यहाँ आया था और अकबर बादशाह के समय में विद्यानुरागी ब्राह्मणकुलतिलक श्री बीरबल ने देवनागरी अक्षर और हिन्दुस्तानी भाषा में इसका अनुवाद कराया।
>
> —**रमल-गुलज़ार** की भूमिका से

इस पुस्तक में जो प्रश्न-फल दिये हैं उनमें से एक उद्धृत करने से इस विद्या के स्वरूप का कुछ अनुमान हो सकता है :

> हुक्मी शक्ल नुसरतुद्दाख़िल[११] बृहस्पति की है, हुक्म फ़रमाती है कि "पूछने वाले शख़्स ! तेरा सवाल स्त्री के सुख का है। तू पूछता है कि मुझको स्त्री का सुख होगा कि नहीं। सो हे पूछने वाले ! तुझको स्त्री का सुख कम है। तेरे पहले जन्म का अज़ाब है। तू पहले जन्म में दक्षिण में धनवान् वैश्य था। तुझको आमदनी बहुत थी और दान भी वित्तसमान करता था। परन्तु तेरी औरत पतिव्रता थी, तू धन के लोभ में उसको ऋतुदान भी नहीं देता सो ऋतु से पीछे वह जिस दिन वस्त्र प्रक्षालन करके स्नान से शुद्ध हो तेरी आशा करती थी तू लोभ में लगा रहता था ऋतुदान नहीं देता था सो वह उच्चश्वास मार के शय्या पर सो जाती थी। सो कुछ दिन पीछे उसका शरीर बे-औलाद पूरा हो गया। जिस समय में शरीर पूरा हुआ उस समय में भी तू उसके समीप नहीं गया सो उसने मरती समय यह शाप दिया कि तुमको जन्म-जन्मान्तर तक औरत का सुख न होवे सो तुझको सुख होना मुश्किल है। अब तू सुख चाहै तो इसका प्रायश्चित्त कर। एक सुवर्ण की मूर्ति सावित्री की ५ पल की बनवा के ताँबे के कलश में पंचरत्न गंगाजल दूध सर्वौषधि से पूर्ण कर रेशमी वस्त्र से आसन बनवाय के पूजन कर और ब्राह्मणों से करवा तथा अनुष्ठान की रीति से गायत्री का जप करवाकर उनको दक्षिणा दे तुझको सुख होगा। फिकर मत कर अल्लाताला अच्छा करेगा।"
>
> —**रमल-गुलज़ार** प्रश्न २६८

यह तुरन्त देखा जा सकता है कि 'ब्राह्मणों... को दक्षिणा दे तुझको सुख होगा। फिकर मत कर अल्लाताला अच्छा करेगा' का 'गंगा-जमनी' वाक्य

उस सांस्कृतिक माहौल को बताता है जिसमें सदियों से साथ रहते हिन्दू-मुसलमान 'घुल-मिल' गये थे किन्तु यह समझना भूल होगी कि इस घुलमिल घालमेल से अपनी-अपनी इयत्ताओं का बोध समाप्त हो गया था। इस विरोधाभास पर थोड़ा आगे चलकर विचार करेंगे—यहाँ फ़िलहाल केवल रमल-विद्या तक अपने को सीमित रखते हैं।

शास्त्रीय इस्लाम में 'रमल' को या किसी भी प्रकार के ज्योतिष को अच्छा नहीं माना जाता (और रमल को फ़िरिश्ते हज़रत जिबरील से हज़रत दानियाल या हज़रत इदरीस जैसे पैग़म्बरों को प्राप्त होने की बात भी इस विद्या को इस्लाम के भीतर कुछ स्वीकार्यता दिलाने के लिए ही है)। किन्तु 'व्यावहारिक लाभ' के लिए लोग तन्त्र-मन्त्र, जादू-टोना, ज्योतिष-रमल-तावीज़-झाड़फूँक सबका आश्रय लेते ही हैं। हम पाते हैं कि **होशरुबा** में अमीर हमज़ा ने यह जानने के लिए रम्माल बुलाये हैं कि तिलिस्म कौन तोड़ेगा और वे बता देते हैं कि इसे तोड़ने वाला असद है जिसके साथ पाँच ऐयार भी होंगे जिनके नाम भी वे बता देते हैं; इसके बाद ही अमीर हमज़ा तिलिस्म तोड़ने के लिए असद को भेजते हैं। दूसरी ओर **चन्द्रकान्ता** में जगन्नाथ ज्योतिषी सिर्फ़ इतना बता पाते हैं कि 'तिलिस्म तोड़ने की तरकीब एक तख़्ती पर लिखी हुई है जो इसी इमारत में कहीं है'; तिलिस्म बीरेन्द्र सिंह तोड़ेंगे यह एक खम्भे को नापने से पता लगता है जिस पर लिखा नाप बीरेन्द्र सिंह के ही हाथ से ठीक बैठता है। खम्भे पर इस पूर्व निर्धारित माप का पहले से ही लिखा होना और बाद में सन्दूक़ के भीतर मिली तख़्ती पर बीरेन्द्र सिंह का नाम भी लिखा होना उस ज्योतिष पर ही आधारित हो सकता है जो रमल से भिन्न है क्योंकि रमल से यह सब पता नहीं लगता यद्यपि यह भी नहीं कह सकते कि रमल ने कुछ काम ही नहीं किया।

जैसा हमने अभी देखा, जिस तरह 'यावनी भाषा फ़ारसी' का अच्छा अभ्यास यहाँ लोगों ने किया, उसी तरह इस 'यावनी विद्या रमल' का भी। किन्तु जैसे फ़ारसी सीखने का यह अर्थ नहीं था कि हिन्दुओं ने संस्कृत को कमतर मान लिया वैसे ही 'रमल' सीख लेने का यह मतलब नहीं था कि भारतीय परम्परा का ज्योतिष कमतर मान लिया गया। सचाई यह है कि 'रमल' के प्रति भारतीय परम्परा के ज्योतिषियों में कुछ द्विविधा

रही है और वे प्राय: यह मानते रहे हैं कि यह एक 'अपवित्र' विद्या है। जिसका अभ्यास करने से ज्योतिषी को अनिष्ट की प्राप्ति होती है। स्पष्ट ही इसका कारण इस विद्या का 'यवनों' से प्राप्त होना है। 'इस्लामी' रमल-विद्या की बग़ल में यह 'हिन्दू' रमल-विद्या भी बाज़ार में थी और इसका महत्त्व भी था किन्तु हिन्दू समाज में प्राचीन भारतीय ज्योतिष के सामने इसे सम्मान उतना ही प्राप्त था जितना संस्कृत के मुक़ाबिले फ़ारसी को—यह राजसेवा और अर्थप्राप्ति की विद्या समझी जाती थी और इससे हिन्दुओं को यह जानने में कोई मदद नहीं मिलती थी कि जन्माष्टमी का व्रत कब रखना है या लड़के का जनेऊ कब करें; संक्षेप में कहें तो इसे उन छह 'वेदांगों' में जगह न थी जिनके भीतर ज्योतिष की गणना प्राचीन काल से होती आ रही थी। किन्तु 'बीरेन्द्र सिंह तिलिस्म तोड़ेंगे' यह सूचना जिस ज्योतिष पर आधारित है वह निश्चय ही वही प्राचीन भारतीय ज्योतिष है क्योंकि सन्दूक़ के भीतर तख़्ती पर यह सूचना वीरेन्द्र सिंह के नाम एक पत्र के रूप में अंकित है जिसका लिखने वाला 'विक्रम' है[२०] जिसके दरबार के नवरत्नों में भारतीय ज्योतिष के सर्वाधिक प्रतिष्ठित आचार्य वराह मिहिर थे।

खत्री जी के जगन्नाथ ज्योतिषी 'रम्माल' हैं, और खत्री जी इसीलिए उन्हें शुरुआत में पर-पक्षी राजा शिवदत्त के यहाँ नौकरी करते दिखाते हैं। किन्तु वे ब्राह्मण भी हैं और शिवदत्त उनका सम्मान नहीं करता अत: वे उसकी नौकरी छोड़ देते हैं और स्वेच्छा से स्व-पक्षी वीरेन्द्र सिंह के साथ हो जाते हैं। वे अकेले ऐयार हैं जो अपने मालिक का साथ अपनी इच्छा से छोड़ते हैं और विपक्ष में इसलिए जा मिलते हैं कि विपक्ष न्याय का पक्ष है। वे शिवदत्त से साफ़ कहते हैं :

> अब आप बेफ़ायदा ग़ुस्सा करते हैं, इससे क्या होगा ? जहाँ जी में आया तहाँ रहे। जो अपनी इज़्ज़त करे, उसी के साथ रहना ठीक है। आप ख़ुद सोच लीजिए और याद कीजिए कि आप ने मुझको कैसी-कैसी कड़ी बातें कही थीं। उस वक़्त यह भी न सोचा कि ब्राह्मण है। अब क्यों मेरी तरफ़ लाल-लाल आँखें कर के देखते हैं।
>
> –**चन्द्रकान्ता**, दूसरा भाग, अठारहवाँ बयान

यह वह बीज है जो प्रसाद जी में वटवृक्ष बनकर सामने आता है :

> राजकुमार, ब्राह्मण न किसी के राज्य में रहता है और न किसी के अन्न से पलता है... ।
>
> —**चन्द्रगुप्त**, प्रथम अंक, प्रथम दृश्य में आम्भीक से चाणक्य

इसका यह अर्थ निश्चय ही नहीं कि 'खत्री जी के सपनों का भारत' में ब्राह्मणों की कोई बहुत महत्त्वपूर्ण सक्रिय भूमिका है। हाँ, यह खत्री जी की विचारधारा का सूक्ष्म संकेत है। इस विचारधारा का स्व-पक्ष 'क्षात्र-धर्म' से ही परिभाषित है : ब्राह्मण जिस 'भारत-विद्या' का प्रतिनिधित्व करता है वह कुछ समय के लिए जीविकानिर्वाह की विवशता में भले ही अन्यायी शासन की सेवा कर रही हो, वह अपनी गरिमा के प्रति ज्यों ही सचेत होगी, स्व-पक्ष में आ मिलेगी। 'ब्राह्मणत्व' का यह प्रतीकात्मक महत्त्व दारोगा, अर्थात् यदुनाथ शर्मा[२१] के अधम चरित्र में भी है—'जिस राज्य का ब्राह्मण पतित है उस राज्य का पतन निश्चित है' जैसा कुछ बताते हुए—किन्तु इसे बहुत तूल देने की उपन्यास में गुंजाइश नहीं है।

'तिलिस्म' और चन्द्रकान्ता

'तिलिस्म' ग्रीक भाषा के शब्द 'तेलेस्मा' का अरबी रूप है। प्राचीन ग्रीक भाषा में इसका अर्थ था 'देय धन' और यह माना जा सकता है कि इस सन्दर्भ में कुछ हुण्डी जैसी लिखी जाती होगी, इस हुण्डी पर कुछ मुहर जैसी लगती होगी और इस मुहर का कुछ धार्मिक आतंक रहा होगा। मध्यकालीन ग्रीक भाषा (पाँचवीं से लेकर चौदहवीं सदी तक) में इस शब्द का अर्थ 'धार्मिक संस्कार' जैसा कुछ होने लगा था और यही वह समय है जब इस्लामी सभ्यता का यूनानी सभ्यता से सम्पर्क हुआ। अरबी में इसका शब्दरूप हुआ 'तिलिस्म' और अर्थ हुआ 'जन्तर, तावीज़' आदि। अँग्रेज़ी में यही शब्द इसी अर्थ के साथ 'टैलिस्मैन' (= talisman) है। यूरोप के इतिहास में कई चर्चित टैलिस्मैन हैं जिनमें फ्रांस के सम्राट शार्लमान का टैलिस्मैन अधिक प्रसिद्ध है; इसे बग़दाद के ख़लीफ़ा हारून-अल-रशीद ने उनके लिए बनवाकर भेजा था और इसका उद्देश्य यह था कि सम्राट और सम्राज्ञी में अखण्ड प्रेम रहे (बाद में इसे सम्राट नेपोलियन ने अपनी सम्राज्ञी जोसेफाइन के मुकुट में जड़वाया)।

इस प्रकार तिलिस्म का मुख्य अर्थ हुआ एक ऐसा जादुई घेरा जिसे मान्त्रिक शक्ति से 'बाँधा' जाता था और जिसका 'तोड़ना' भी असाधारण मान्त्रिक शक्तियों पर ही निर्भर था। ऐसे जादुई बन्धन धन की रक्षा के लिए भी होते थे अर्थात् तिलिस्म तोड़े बिना वह धन नहीं मिल सकता था जिस पर तिलिस्म बाँधा गया हो, क़ैद में डालने के लिए भी होते थे अर्थात् तिलिस्म तोड़े बिना वह व्यक्ति छुड़ाया नहीं जा सकता था जो तिलिस्मी बन्धन में हो। ऐसे तिलिस्म मान्त्रिक शक्तियों की सहायता से किसी को कष्ट में डालने या किसी को कष्ट से छुड़ाने के लिए

भी इस्तेमाल होते थे।

इस कल्पना को **होशरुबा** ने बहुत विस्तार दिया। जादू-टोने की सारी बातें बरक़रार रखते हुए **होशरुबा** का तिलिस्म इस दुनिया के परे एक पूरी दुनिया है जिसमें और सब कुछ चाहे नक़ली हो, रुपया, शराब और औरतें असली हैं। यह सिर्फ़ एक स्वप्नदेश है जिसकी विजय के बाद वहाँ के सुखभोग विजेताओं को न्यायत: उपलब्ध हैं। हाँ, यह विचित्र अवश्य है :

> इस तिलिस्म में तीन मक़ाम हैं, एक परद०+ए+जुल्मात (= अँधेरे का परदा), एक तिलिस्म+ए+बातिन (= भीतरी तिलिस्म) एक तिलिस्म+ए+ज़ाहिर (= प्रकट तिलिस्म)... और ज़ाहिर और बातिन के दरमियान एक दरया+ए+सिह्र (= जादू की नदी) बनाया है कि नाम उसका दरया+ए+ख़ून है और ऊपर एक पुल धुएँ का बना है और दो शेर धुएँ के अन्दर पुल के खड़े हैं और एक इमारत तीन दरजे की पुल के ऊपर बनी है...।

—**होशरुबा** जिल्द अव्वल, पृ १५

किन्तु इस विचित्रता के बावुजूद यह बहुत बेगानी दुनिया नहीं है, इसमें ऐसे जादूगर हैं जो बातिन में रहते हैं, जिनकी ससुराल ज़ाहिर में है और जो अपनी बीवी की बिदाई के लिए अपने छोटे भाई को अपनी ससुराल भेजते हैं जिनसे उसकी भाभी परदा करती है। इसमें पुल पार करने के लिए संकेत-शब्द हैं और पहरा है जैसे प्राचीन राजमहलों और क़िलों में दरवाज़े खुलवाने के लिए होते थे। यह तिलिस्म एक दूसरा धनी मुल्क है जिसे जीतकर अपना उपनिवेश बनाना है।

खत्री जी का तिलिस्म इसी दुनिया में तहख़ानों और सुरंगों का है जिनमें जादू की जगह आदमी की बनायी मशीनें ले लेती हैं। वह दुश्मन का राज ज़रूर है और उसे जीतकर अपने राज में मिलाना भी है किन्तु खत्री जी प्राय: ऐसी बातों और ऐसे अनुभवों या विश्वासों को अपनी रचना में लाने से बचते हैं जिनकी 'तर्कसंगत व्याख्या' न सम्भव हो। किन्तु इस 'तर्कसंगत व्याख्या' के अन्तर्गत ज्योतिष और अन्य पराभौतिक क्रियाओं का बहिष्कार न था।[२२] **चन्द्रकान्ता** में आगे चलकर जब वे यह समझाना चाहते हैं कि 'तिलिस्म' क्या चीज़ है तब वे यह लिखते हैं :

> तिलिस्म वही शख़्स तैयार करता है जिसके पास बहुत माल-ख़ज़ाना हो और

वारिस न हो। तब वह अच्छे-अच्छे ज्योतिषी और नजूमियों से दरियाफ़्त करता है कि उसके या उसके भाइयों के ख़ानदान में कभी कोई प्रतापी या लायक़ पैदा होगा या नहीं। आख़िर ज्योतिषी या नजूमी इस बात का पता देते हैं कि इतने दिनों के बाद आपके ख़ानदान में एक लड़का प्रतापी होगा, बल्कि उसकी एक जन्मपत्री लिखकर तैयार कर देते हैं।

उसी के नाम से ख़ज़ाना और अच्छी-अच्छी क़ीमती चीज़ों को रखकर उस पर तिलिस्म बाँधते हैं। आजकल तो तिलिस्म बाँधने का यह क़ायदा है कि थोड़ा-बहुत ख़ज़ाना रखकर उसकी हिफ़ाज़त के लिए बलि दे देते हैं, वह प्रेत या साँप होकर उसकी हिफ़ाज़त करता और कहे हुए आदमी के सिवाय दूसरे को एक पैसा नहीं लेने देता, पर पहले यह क़ायदा नहीं था। पुराने ज़माने के राजाओं को जब तिलिस्म बाँधने की ज़रूरत पड़ती थी तो बड़े-बड़े ज्योतिषी नजूमी, वैद्य, कारीगर, और तान्त्रिक लोग इकट्ठे किये जाते थे। उन्हीं लोगों के कहे मुताबिक़ ज़मीन खोदी जाती थी, उसी ज़मीन के अन्दर ख़ज़ाना रखकर ऊपर तिलिस्मी इमारत बनायी जाती थी। उसमें ज्योतिषी नजूमी, वैद्य, कारीगर, और तान्त्रिक लोग अपनी ताक़त के मुताबिक़ उसे छिपाने की बन्दिश करते थे मगर साथ ही उसके, उस आदमी के नक्षत्र और ग्रहों का भी ख़याल रखते थे जिसके लिए वह ख़ज़ाना रखा जाता था। कुँवर बीरेन्द्र सिंह ने एक छोटा सा तिलिस्म तोड़ा है, उनकी ज़ुबानी आप वहाँ का हाल सुनिए और हर एक बात को ख़ूब ग़ौर से सोचिए तो आप ही मालूम हो जायगा कि ज्योतिषी नजूमी, कारीगर, और दर्शन-शास्त्र के जानने वाले[२३] क्या-क्या करते थे।

—**चन्द्रकान्ता**, चौथा भाग, बीसवाँ बयान।

इस उद्धरण में कई बातें ग़ौरतलब हैं।

सर्वप्रथम तो इस अंश पर ध्यान देना चाहिए : ''आजकल तो तिलिस्म बाँधने का यह क़ायदा है कि थोड़ा-बहुत ख़ज़ाना रखकर उसकी हिफ़ाज़त के लिए बलि दे देते हैं, वह प्रेत या साँप होकर उसकी हिफ़ाज़त करता और कहे हुए आदमी के सिवाय दूसरे को एक पैसा नहीं लेने देता।'' यहाँ खत्री जी एक लोकप्रचलित विश्वास की ओर इशारा कर रहे हैं जो पुराना है; उदाहरण के लिए चौदहवीं सदी का यह श्लोक देखिए :

सौभाग्यगन्धद्विपदानलेखा रराज तस्या नवरोमराजि:
तेजोनिधिं गर्भतले निगूढं कालोरगी रक्षितुमागतेव॥

–मधुराविजय (२-८)

[(काव्य-नायक कम्पराय जब गर्भ में था तब उसकी माता की) रोमावली ऐसी लगती थी जैसे कि गर्भ की तलहटी में छिपे तेज के ख़ज़ाने की रक्षा के लिए काली नागिन आ गयी हो।]

फ्रान्चेस्का ओर्सिनी ने कहा है कि खत्री जी ने तिलिस्म का तर्क बदल दिया अर्थात् उसे सम्पत्ति की रक्षा और सुयोग्य उत्तराधिकारी तक उसे पहुँचाने से जोड़ दिया। ऐसा उन्होंने शायद इसलिए कहा है कि **होशरुबा** को तोड़ना किसी ख़ज़ाने की प्राप्ति के लिए नहीं है, स्वपक्षीयों को ऐसी क़ैद से छुड़ाने के लिए है जिससे वे अन्यथा छूट नहीं सकते। किन्तु तिलिस्म वस्तुतः फ़ारसी साहित्य की परम्परा में (उर्दू में लिखे गये) **होशरुबा** के बहुत पहले से चले आ रहे हैं और उनमें दो बातें मुख्य रही हैं : तिलिस्म के भीतर ख़ज़ाना गड़ा होता है, और 'तिलिस्म में क़ैद किया जाता है।' फ़िलहाल दो शेर सामने रखकर आगे बढ़ते हैं जो इन दो अर्थों पर अलग-अलग आधारित हैं :

गंजीन०+ए+मअनी का तिलिस्म उसको समझिए
जो लफ़्ज़ **कि०** ग़ालिब मेरे अशआर में आवे॥

—मिर्ज़ा ग़ालिब

[ग़ालिब कहता है कि मेरे काव्य में जो भी शब्द आता है उसे आप अर्थ के ख़ज़ाने पर बँधा तिलिस्म समझिए, अर्थात् यदि आप उस शब्द को भेद सके तो अर्थ का ख़ज़ाना हाथ लगेगा।]

हस्त हक़ बा मन अगर शकव० ज़ि सय्याद कुनम ज़ाँ कि० ना-हक़ ब०
तिलिस्म+ए+क़फ़स अन्दाख़्त मरा॥

—मुल्ला तुग़रा

[यह न्यायपूर्ण है यदि मैं बहेलिये की शिकायत करूँ जिसने अन्यायपूर्वक मुझे पिंजड़े के तिलिस्म में क़ैद कर रखा है।

(फ़ारसी काव्य-रूढ़ि के अनुसार कवि एक प्रेमी के रूप में अपने को पक्षी और प्रेमपात्र को बहेलिया बता रहा है।)]

इसके बावुजूद, यह सच है कि खत्री जी की तिलिस्म के बारे में संकल्पना गड़े हुए ख़ज़ाने की संकल्पना से भिन्न नहीं है और वह दास्तानों के तिलिस्मों की तरह कोई मायालोक नहीं अपितु इसी बनारस के इर्द-गिर्द

की पुरानी इमारतों के नीचे की सुरंगों और तहख़ानों का बना है। इसके नाते दुर्भाग्यवश राजेन्द्र यादव अपने निबन्ध में इसे 'लालच' से जोड़ने के बाद (पृ २८ पर) लिखते हैं :

> तिलिस्म की परिकल्पना भी इसी दौलत के लिए की गयी है और उधर सारी ऐयारी और धोखाधड़ी भी इसी के लिए है...दारोगा, जैपाल सिंह, मायारानी और यहाँ तक कि भूतनाथ भी इसी के लिए खलनायक हैं और वीरेन्द्र सिंह, इन्द्रजीत सिंह, आनन्द सिंह और उनके साथी इसी लिए नायक।

वास्तविकता यह है कि न केवल दौलत अपितु स्वयं तिलिस्म ही नायकों के लिए गौण है, वीरेन्द्र सिंह तिलिस्म इसलिए तोड़ते हैं कि चन्द्रकान्ता उसमें क़ैद है, और इन्द्रजीत सिंह तथा आनन्द सिंह इसलिए कि वे ख़ुद इसमें क़ैद हो गये हैं। दौलत उन्हें मिलती है, इसलिए कि वे सही वारिस हैं, इसलिए भी कि उन्हें तिलिस्म तोड़ने पर ही यह दौलत मिलती, किन्तु इसका कोई भौतिक और उपभोगपरक महत्त्व अगर है भी तो वह (**चन्द्रकान्ता-सन्तति** बाईसवाँ भाग नवाँ बयान में) महाराज सुरेन्द्र सिंह से कहे गये इन्द्रदेव के इस कथन से निरस्त हो जाता है—*"सच तो यों है कि जितनी दौलत यहाँ है, उसके रखने का ठिकाना भी यहीं हो सकता है।"* यह दौलत तिलिस्म के बाहर ले जाकर खाने-उड़ाने में ख़र्च करने के लिए बनी ही नहीं है, यह समृद्धि है, देश का अर्थ-बल जो योग्य राजा के हाथों में ही अपना अस्तित्व प्रकट करता है।

यह एक आश्चर्यजनक संयोग है कि खत्री जी जब तिलिस्म का आर्थिक तर्क प्रस्तुत करते हैं तब वे अनजाने ही सही, उसके मूल यूनानी शब्द 'तेलेस्मा' के अर्थ तक पहुँचते हैं : दौलत महज़ एक धरोहर है, एक थाती जो तिलिस्म द्वारा सुरक्षित रखी जाती है और सही मालिक तक पहुँचती है। वह सही मालिक अपने शारीरिक बल के साथ-साथ अपने नैतिक बल से भी पहचाना जाता है, प्रजापालन, न्यायप्रियता, सुशासन आदि उसमें होने ही चाहिए।

कुछ छोटी-मोटी सतही असावधानियाँ ज़रूर हैं—उदाहरण के लिए पहले खत्री जी यह कहते हैं कि तिलिस्म वह बनवाता है जिसका कोई वारिस नहीं होता किन्तु आगे चलकर (**चन्द्रकान्ता-सन्तति** चौदहवाँ भाग चौथा बयान में) यह पता चलता है कि यह तिलिस्म महाराज सूर्यकान्त ने

बनवाया है जिनके दो लड़के धीर सिंह और जयदेव सिंह मौजूद थे और ऐसा कोई संकेत नहीं है कि वे अयोग्य थे या उनके वंश में आगे राज्य नहीं रहा।

मेरे विचार में यह महत्त्वपूर्ण है कि खत्री जी ने 'लड़की का हिस्सा' भी इस ख़ानदानी दौलत के बँटवारे में रखा है। हम देखते हैं कि विजयगढ़ की राजकुमारी चन्द्रकान्ता, जिनकी शादी वीरेन्द्र सिंह से होगी, के 'दहेज' के लिए भी एक ख़ज़ाना है जिस पर तिलिस्म बँधा है और वह चन्द्रकान्ता के ही हाथ से टूटेगा। **भूतनाथ** से पता चलता है कि महाराज सूर्यकान्त के एक लड़की भी थी जिसके वंश में उत्पन्न प्रभाकर सिंह ने सबसे पहले तिलिस्म का एक हिस्सा तोड़ा है। यह मूल विचार का एक तथ्यात्मक विस्तार मात्र है और इससे 'बेटी का हिस्सा पहले' वाली धर्मभीरुता का समर्थन भी झलकता है। यह ज़ाहिर है कि महाराज विक्रमादित्य महाराज सूर्यकान्त के पूर्वज हैं और अन्ततः एक विक्रमादित्य के वंश ने ही ये सारे तिलिस्म बँधवाये हैं क्योंकि खत्री जी ने (**चन्द्रकान्ता-सन्तति** इक्कीसवाँ भाग पाँचवाँ बयान में) यह लिखा है कि कि ये सभी तिलिस्म एक ही तिलिस्म की शाखाएँ हैं। चूँकि वर और कन्या हिन्दू विवाह-प्रणाली में एक ही पितृ-वंश से नहीं हो सकते, मेरा ख़याल है कि दो-एक वाक्यों में कहीं खत्री जी को यह भी बता देना चाहिए था कि विजयगढ़ का राज्य विक्रमादित्य की बेटी के ख़ानदान में था जिससे उनकी कथा-ज्यामिति में कसाव और बढ़ जाता। थोड़ा-सा ध्यान देकर वे **चन्द्रकान्ता** का तिलिस्म बनवाने वाले महाराज विक्रमादित्य और **चन्द्रकान्ता-सन्तति** का तिलिस्म बनवाने वाले महाराज सूर्यकान्त में संगति बिठा सकते थे। किन्तु यह कोई गम्भीर कथा-दोष नहीं है। मुख्य यह है कि पैतृक सम्पत्ति में 'बेटी का हिस्सा' खत्री जी ने रखा है और यह उस समय को देखते हुए खत्री जी की एक गम्भीर सामाजिक पक्षधरता को प्रमाणित करता है।

फ्रान्चेस्का जी ने जिसे 'सम्पत्ति का तर्क' कहा है उसने निश्चय ही खत्री जी के तिलिस्म की गढ़ाई-चिनाई में बुनियाद का काम किया है किन्तु मेरी समझ में खत्री जी इसे पारिवारिक उत्तराधिकार तक सीमित नहीं रख रहे हैं। वे बराबर एक ऐतिहासिक दृष्टि रखते हैं और भारत के गौरवशाली अतीत का उन्हें सदा ध्यान रहता है। यह भी उनका दृढ मत

है कि 'यवनों' ने उस गौरवशाली अतीत को अपने शासनकाल में मलिन किया है। मेरा मानना है कि नवजागरण के एक मूल प्रश्न—हम (हिन्दू) कौन थे क्या हो गये हैं और क्या होंगे अभी—को भी उन्होंने हल करने की चेष्टा की है और अपने अनेक अन्य समकालीन हिन्दी लेखकों के समान ही यह माना है कि अँग्रेज़ी शासन ने हिन्दुओं को इस्लामी शासन की जकड़ से छुड़ाया तथा यह अवसर दिया कि हिन्दू अपना गया हुआ गौरव फिर पा सकें। यह गया हुआ गौरव एक (सांस्कृतिक) तिलिस्म के नीचे दबा हुआ ख़ज़ाना ही है। यह वह भारत है जो कभी 'सोने की चिड़िया' था और जिसकी तिलिस्मी इमारत को अनधिकारियों ने कुछ समय के लिए चाहे अपने क़ब्ज़े में ले रखा हो, उसके भीतरी दरजों की उन्हें कोई ख़बर नहीं है। यह महाराज विक्रमादित्य के समय का भारत है जो अपने न्याय के लिए भी प्रसिद्ध थे और जो विदेशी आक्रान्ताओं शकों—को मार भगाने की भी शक्ति रखते थे।

'ऐयारी' और चन्द्रकान्ता

'ऐयार' का अर्थ 'धूर्त, चोर' आदि है। ईरान और इराक़ में 'ऐयारून' (= गुण्डे) नवीं से बारहवीं शताब्दी तक काफ़ी मशहूर थे और ख़िलाफ़त के कमज़ोर दिनों में उन्होंने बग़दाद पर शासन भी किया है। इनके अपने गिरोह होते थे और अराजकता के दिनों में इनकी बन आती थी। ऐतिहासिक जानकारियों के अनुसार इनका काम धनिकों से रंगदारी वसूलना था। बाहुबलियों की रूमानी तस्वीर लोकमानस में प्रायः बन जाती है। मेरी अपनी समझ में लोक-कल्पना ने 'ऐयार' की अर्थच्छवि अच्छे अर्थ में जब मानी है तब इसके साथ 'जवाँमर्दी' जुड़ती है जिसमें शौर्य और परदुःखकातरता आदि का समावेश होता है। कभी-कभार 'सूफ़ी' और 'ऐयार' लगभग पर्यायवाची भी प्रयोग में दिखायी पड़ते हैं। यह फ़ारसी-उर्दू कविता में 'माशूक़' के लिए भी प्रयुक्त होता रहा है। इस शब्द का रूमानी पुनर्विनियोजन ही मेरे विचार में इसके साहित्यिक प्रयोग को निर्धारित करता है जिसका कुछ अनुमान नीचे दिये गये कुछ उदाहरणों से हो सकता है :

हर लहज़० ब०-शक्ले बुत+ए+ऐयार बर-आमद दिल बुर्द+ओ+निहाँ शुद
हर दम ब०-लिबास+ए+दिगराँ यार बर-आमद गह पीर+ओ+जवाँ शुद॥

—मौलाना रूमी (शम्स तबरेज़) के नाम से प्रसिद्ध एक रचना से

[कई रूपों में वह ऐयार प्रेमपात्र सामने आता है; दिल चुराता है और फिर छिप जाता है।

वह माशूक़ प्रति क्षण अलग भेस में सामने आता है; कभी बूढ़ा तो कभी जवान बन जाता है।

यहाँ 'ऐयार = रूप-परिवर्तन से दूसरे को धोखा देने में सक्षम']

क्या लड़के हैं दिल्ली के ऐयार और नटखट
दिल ले हैं यूँ कि० हरगिज़ होती नहीं है आहट॥

—मीर तक़ी 'मीर'

[यहाँ 'ऐयार = धूर्त, चतुर चोर']

उसके कूचे में पुकारेगा अगर मुझको रक़ीब
मैं भी ऐयार हूँ, आवाज़ बदल जाऊँगा।

—'मुसहफ़ी'

[रक़ीब = प्रेम में प्रतिद्वन्द्वी; यहाँ 'ऐयार = रूप-परिवर्तन से दूसरे को धोखा देने में सक्षम']

हरचन्द दाग़ एक ही ऐयार है मगर
दुश्मन भी तो छटे हुए सारे जहाँ के हैं।

— 'दाग़

[यहाँ ''ऐयार = चतुर, वीर]

उर्दू दास्तानों में ऐयार धूर्त तो होते हैं किन्तु उनमें 'जवाँमर्दी' नहीं होती; वे अपनी दवा से किसी को बेहोश करके उसका सिर काट लेते हैं और उसका धन चुरा लेते हैं। आगे हम उर्दू दास्तानों के इन ऐयारों के घृणित कर्मों के कुछ उदाहरण देखेंगे।

खत्री जी ने ऐयारों के बारे में **चन्द्रकान्ता** की भूमिका में यह लिखा है :

> राजदरबारों में ऐयार (चालाक) भी नौकर हुआ करते थे जो कि हरफनमौला याने सूरत बदलना, बहुत सी दवाओं का जानना, गाना-बजाना, दौड़ना, शस्त्र चलाना, जासूसों का काम देना, वग़ैरह बहुत सी बातें जाना करते थे। जब राजाओं में लड़ाई होती थी तो ये लोग अपनी चालाकी से बिना ख़ून गिराये वो पलटनों की जानें गँवाये लड़ाई ख़तम कर देते थे। इन लोगों की बड़ी क़दर की जाती थी। इन्हीं ऐयारी पेशे में आजकल बहुरूपिये दिखायी देते हैं। वे सब गुण तो इन लोगों में रहे नहीं, सिर्फ़ शक्ल बदलना रह गया, सो भी किसी काम का नहीं।

व्यवहारत: हम देखते हैं कि जो भी लड़ाइयाँ खत्री जी ने अपने उपन्यास

में दिखायी हैं उनमें आमने-सामने का ख़ूनख़राबा बहुत कम है और इन ऐयारों की कारस्तानियों का योगदान भी इन विजयों में है किन्तु मुख्य कारण यह है कि खत्री जी के स्व-पक्षी वीरेन्द्र सिंह न केवल प्रतापी हैं अपितु न्याय-प्रिय और प्रजापालक भी हैं; जिन राजाओं को वे जीतते हैं वे अत्याचारी और अन्यायी हैं तथा उनकी प्रजा चाहती है कि उसे इन दुष्टों के शासन से मुक्ति मिले और वीरेन्द्र सिंह का राज्य हो। खत्री जी के ऐयार वस्तुतः अपनी 'शूरता' के नाते प्रसिद्ध हैं, जो केवल शक्ति नहीं है, शक्ति-प्रयोग की आचार-संहिता भी है। यह आचार-संहिता, या खत्री जी का शब्द लें तो 'क़ायदा', क्या है इसको एक उदाहरण से समझना सुविधाजनक होगा : (**चन्द्रकान्ता** दूसरा भाग, पाँचवाँ बयान में) बद्रीनाथ ऐयार अपने मालिक महाराज शिवदत्त से कहते हैं :

> महाराज हम लोग ऐयार हैं, हज़ार आदमियों में घुसकर काम करते हैं, मगर एक आदमी पर दस ऐयार नहीं टूट पड़ते। यह हम लोगों के क़ायदे के बाहर है।

स्वामिभक्ति ऐयारों का बहुत बड़ा गुण है और **चन्द्रकान्ता** में महाराज जयसिंह के ऐयारों नाज़िम तथा अहमद का बड़ा दोष उनकी नमकहरामी ही है। खत्री जी के सभी ऐयार राजदरबारों में नौकर ही नहीं हैं, इन्द्रदेव और दलीपशाह जैसे कई ऐयार स्वतन्त्र जीवन भी व्यतीत करते हैं किन्तु वे हैं सबके सब अधिकतर न्याय-पक्ष में ही और अधिकतर सदाचारी हैं। यहाँ तक कि मायारानी की ऐयारा लीला भी, जिसने 'शूरता' के ख़िलाफ़ (यद्यपि उर्दू दास्तानों के सामान्य आचरण के अनुरूप ही) अपने द्वारा बेहोश किये गये रामदीन का सिर काट लिया, इस अर्थ में आचार-संहिता के भीतर मानी जा सकती है कि वह मायारानी की वफ़ादार तो उसके बुरे दिनों में भी रही है।

इस प्रसंग में हमें शायद यहीं भूतनाथ नामक पात्र पर विचार कर लेना चाहिए जिसे राजेन्द्र यादव ने पूरे उपन्यास में 'कठपुतले पात्रों के बीच एक चरित्र' बताया है। वस्तुतः खत्री जी ने अगर अन्य पात्रों को 'कठपुतला' बनाया है तो भूतनाथ को भी 'कठपुतला' ही बनाया है और वे उसके माध्यम से यह दिखाना चाहते हैं कि 'अगर कोई पापी भी सच्चे मन से प्रयास करे तो सुधर सकता है।' जो जाँचने की बात है वह भूतनाथ का 'पापी' होना ही है।

राजेन्द्र यादव ने भूतनाथ पर अपने स्वामी से विश्वासघात का आरोप लगाया है किन्तु उपन्यास से यह बात नहीं सिद्ध होती। सच तो यह है कि **भूतनाथ** पढ़ते हुए पहली बात यही मन में उठती है कि भूतनाथ को ही धोखा दिया गया है और यह धोखा उन लोगों ने दिया जो उसके हितैषी और उपदेष्टा कहे गये हैं। उदाहरण के लिए जब भूतनाथ का हाल महाराज सुरेन्द्र सिंह के सामने और इन्द्रदेव की उपस्थिति में दलीपशाह बयान करते हैं तब उसे दयाराम की हत्या का आरोपी ठहराया जाता है जबकि (**भूतनाथ** में मालूम होता है कि) सचाई यह है कि दयाराम जीवित थे और यह बात इन्द्रदेव और दलीप शाह को न केवल मालूम थी बल्कि उन्होंने ही उन्हें छिपा भी रखा था और भूतनाथ को लगातार इस तथाकथित 'हत्या' के लिए कोसा भी करते थे। भूतनाथ की सारी समस्याओं की शुरुआत इस आरोप के नाते ही है और यह कहे बिना नहीं रहा जाता कि उसे निराधार अपराधी ठहराते रहने के दोषी इन्द्रदेव आदि भी कम ज़िम्मेदार नहीं हैं। उसके अनेक उपकारों के बावुजूद और उसे प्रायः निर्दोष जानते हुए भी, भूतनाथ को इन्द्रदेव, प्रभाकर सिंह, दलीपशाह और स्वयं दयाराम, जो जीवित हैं, स्वतन्त्र हैं और जानते हैं कि भूतनाथ पर उनकी हत्या का आरोप मिथ्या है, उसकी कभी कोई सहायता नहीं करते और उसे अपमानित ही करते रहते हैं। उस पर नागर के यहाँ जाने के नाते 'वेश्यागमन' का आरोप है किन्तु हमें बाद में यह भी पता चलता है कि इन्द्रदेव और अन्य लोग भी नागर के यहाँ जाया करते थे। लगता है खत्री जी स्वयं थोड़ी द्विविधा में हैं कि पतन की किस गहराई तक भूतनाथ को ले जायें कि 'नीचे से उठना सम्भव है' का सिद्धान्त प्रमाणित हो सके।

इसका निश्चय ही यह अर्थ नहीं है कि भूतनाथ निर्दोष है। बात सिर्फ़ इतनी है कि उसकी कमज़ोरियों को जिस लालच और जिस ऐयाशी के भीतर समेटने की कोशिश खत्री जी ने की है वह गले के नीचे 'अपराध' की तरह बहुत नीचे नहीं उतर पाते। अस्तु, इस प्रकरण को यहीं बन्द करना ठीक है।

उर्दू दास्तानें, 'लश्कर+ए+इस्लाम' और 'कुफ़्फ़ार'

उर्दू दास्तान को समझने के लिए हमें उसके एक पक्ष पर कुछ गहराई से सोचना होगा जिसका कभी-कभार उल्लेख तो होता है लेकिन ऐसे जैसे यह एक चुटकुला हो।

पर्शियनेट, इस्लामिकेट, और इस्लामिक

स्वर्गीय प्रोफ़ेसर हाजसन (= Marshall Goodwin Simms Hodgson, १९२२-६८) का इतिहास-चिन्तन में महत्त्वपूर्ण योगदान है। यहाँ हमारा सरोकार उनके दिये दो शब्दों से है जिनका प्रयोग आजकल प्रायः निरपवाद रूप से हो रहा है : वे हैं 'पर्शियनेट (= Persianate)' और 'इस्लामिकेट (= Islamicate)'। इन शब्द को उदाहरण से ही समझाना ठीक रहेगा : फ़ारसी-उर्दू कविता में सर्वत्र मुल्ला तथा मस्जिद की निन्दा है, बरहमन तथा मन्दिर की प्रशंसा; यह कविता 'इस्लामिक' नहीं है किन्तु 'इस्लामिकेट' है फिर इसे चाहे हिन्दू लिखे या मुसलमान। इसी प्रकार अकबर ईरानी नहीं था किन्तु नौरोज़ का त्योहार और फ़ारसी भाषा उसने अपना रखी थी; वह 'पर्शियन' नहीं था, 'पर्शियनेट' था। 'इस्लामिक', 'इस्लामिकेट' और 'पर्शियनेट' इन तीन शब्दों का हिन्दी पर्याय ढूँढ़ने की जगह हम इन्हें जस-का-तस इस्तेमाल करेंगे।

महमूद ग़ज़नवी

भारतीय इतिहास का एक सर्वथा नवीन अध्याय एक इस्लामिक और पर्शियनेट शासक महमूद ग़ज़नवी के भारत पर आक्रमण से प्रारम्भ हुआ। महमूद ग़ज़नवी मध्य एशिया के तुर्क क़बीलों से था और उसके पिता का नाम 'सबुक तिगीन' था जिसका अर्थ तुर्की में 'प्रिय राजकुमार' होता है। यह सबुक तिगीन ग़ज़नी के शासक अल्प तिगीन (जिसका अर्थ तुर्की में 'वीर राजकुमार' होता है) का ग़ुलाम और दामाद था; अल्प तिगीन स्वयं भी (ईरानी मूल के सामानी शासकों का) एक ग़ुलाम ही था।[२४] अस्तु, महमूद को इस्लाम-पूर्व ईरान के अन्तिम सम्राट यिज़्दगर्द का वंशज बताया जाता है और उसकी माता एक ज़रदुश्ती सामन्त-परिवार से बतायी जाती है जिसने बाद में इस्लाम क़बूल कर लिया था। तात्पर्य यह कि महमूद ग़ज़नवी ने नाम में 'तिगीन' लगाना छोड़ा और अरबी नाम 'महमूद' तथा ईरानी वंश परम्परा ओढ़कर अपने तुर्की पूर्वजों से भी मुक्ति पायी। यह नयी पहचान बहुत अर्थगर्भित है।

अरबों के आक्रमण और इस्लाम के आने के साथ ही प्राचीन ईरानी सभ्यता और उसकी भाषा का एकदम से विनाश हुआ और फिर तीन शताब्दियों की चुप्पी के बाद वह साहित्य सामने आया जिसे हम आज फ़ारसी साहित्य कहते हैं। यह साहित्य अपने समृद्ध रूप में ही अचानक प्रकट होता है और इसका विधिवत् प्रारम्भ तथा उत्कर्ष महमूद ग़ज़नवी के दरबारी कवियों—फ़िरदौसी, फ़र्रुख़ी, आदि—से ही है। इसकी कुछ अलग ही विशेषताएँ हैं जिनमें पहली है ईरान के अतीत का आख्यान; फ़िरदौसी के शब्दों में, 'अजम (= ग़ैर-अरब) को पुनरुज्जीवित करना'। इस पुनरुज्जीवन के क्रम में ही इस्लामी प्रतीक—मस्जिद, मुल्ला आदि-फ़ारसी कविता में उपहास के पात्र बने और मदिरा को गौरवशाली स्थान मिला। इस प्रकार यह कविता 'इस्लामिकेट' है क्योंकि इसका सांस्कृतिक रूपरंग इस्लाम से आया है लेकिन यह 'इस्लामिक' नहीं है क्योंकि इस्लाम धर्म से इसको सीधा समर्थन नहीं मिल सकता। यह कविता 'पर्शियन' है तथापि इसकी झलक हमें उर्दू कविता के माध्यम से अपेक्षाकृत सहजता से देखने को मिल जाती है जो 'पर्शियनेट' साहित्य का सर्वाधिक विश्वसनीय उदाहरण है।

इस्लाम में समलैंगिक प्रेमव्यवहार को अत्यन्त निन्दनीय बताया गया है

किन्तु इस 'इस्लामिकेट' कविता का एक प्रमुख अभिलक्षण यह है कि इसमें प्रेमपात्र स्त्री न होकर पुरुष है; फ़ारसी के सर्वाधिक प्रसिद्ध कवि हाफ़िज़ के शब्दों में ''मय+ए+दु–साल०+ओ+महबूब+ए+चारदह–साल० (= दो वर्ष पुरानी शराब और चौदह वर्ष की उम्र का किशोर प्रेमपात्र) ही इस कविता के आधार हैं। ये प्रतीक हज़ार सालों में फ़ारसी और उर्दू कविता में टस से मस नहीं हुए हैं और इस कविता का सिद्धान्त–वाक्य यही बना रहा है :

> सिवाय बाद०+ए+देरीन०+ओ+बुत+ए+नौख़ेज़
> कभी ख़ुदा से मैं कोई दुआ नहीं करता।
>
> —जोश मलीहाबादी

[बाद०+ए+देरीन० = पुरानी शराब, बुत+ए+नौख़ेज़ = किशोर प्रेमपात्र।]

इस सिद्धान्त–वाक्य का व्यावहारिक अवतरण मेरी समझ में पर्शियनेट समाजों में उतना ही रहा है जितना किसी भी ऐसे समाज में जिसके साहित्य में ऐसा कोई सिद्धान्त–वाक्य नहीं है। 'साहित्य समाज का दर्पण है' इसका सम्भवत: सर्वाधिक प्रबल प्रत्युदाहरण पर्शियनेट साहित्य ही है। सूफ़ी शब्दावली में इन सबका रहस्यात्मक अर्थ है और हाफ़िज़ की जो पंक्ति मैंने ऊपर उद्धृत की है उसका भी आध्यात्मिक अर्थ ही लगाया जाता है। किन्तु यहाँ हम इस पचड़े में न पड़कर सिर्फ़ एक ही बात पर ध्यान देते हैं जो इस आलेख के लिए प्रासंगिक है।

ऊपर यह बात आ चुकी है कि महमूद ग़ज़नवी का पिता सबुक तिगीन एक ग़ुलाम था और अपने मालिक अल्प तिगीन का दामाद भी था। भारतीय इतिहास में भी कुतुबुद्दीन ऐबक, इल्तुतमिश आदि का शासन 'ग़ुलाम वंश' का ही शासन कहलाता है। भारत के बाहर भी अनेक 'मामलूक (= ग़ुलाम)' वंश शासन करते रहे हैं। इसलिए इस बात को थोड़ा रुककर समझ लेना ही ठीक है।

'हिन्दू' और 'तुर्क'

दास–प्रथा इतिहास के हर मोड़ पर भूगोल के हर कोण में मौजूद रही है।

मध्यकालीन इस्लामिकेट साहित्य में (अफ़रीका से आये) 'हब्शी', (मध्य एशिया से आये) 'तुर्क', (बुलगारिया से आये) 'बलगार', (भारत से आये) 'हिन्दू' आदि ग़ुलामों की चर्चा मिलती है। ऐतिहासिक-सामाजिक दृष्टि से यह इस्लामिक दास-व्यवस्था यों तो उतनी ही अमानवीय और बर्बर थी जितनी अन्यत्र प्रचलित दास-व्यवस्थाएँ किन्तु ख़लीफ़ा शासकों ने इन ग़ुलामों में से कुछ को प्रशिक्षित करके अपनी निजी सुरक्षा में लगाया और सैनिक तथा नागरिक प्रशासन में ऊँचे पद दिये। इस सिलसिले में ख़लीफ़ा महदी (७७५-७८५) का एक कथन उद्धृत किया जाता है जिसके अनुसार ऐसा करने के पीछे यह विचार था कि ये बेघरबार ग़ुलाम पूर्णतया ख़लीफ़ा पर ही निर्भर रहेंगे और छोटी से लेकर बड़ी सेवा के लिए उपलब्ध होंगे जबकि दरबारी अमीर अपने ख़ानदान और ख़लीफ़ा से पुराने सम्बन्धों के गर्व में चूर रहेंगे।

कालक्रम से ख़लीफ़ा इन ग़ुलामों पर अधिकाधिक निर्भर होते गये और इन ग़ुलामों के भी स्वतन्त्र राज्य बनने लगे जिसका एक उदाहरण पूर्वकथित अल्प तिगीन और सबुक तिगीन का ही राज्य है। इन नये राज्यों में भी यही प्रथा चलती रही और ईरान, इराक़ तथा मध्य एशिया के अनेक इस्लामिक शासनों की फ़ौजें अपने सैनिकों के लिए मुख्यतः इन ग़ुलामों पर ही निर्भर रही हैं। संसार के सैन्य इतिहास में यह एक अलग अनोखी बात मानी गयी है। ज़ाहिर है कि फिर इन 'ग़ुलाम फ़ौजियों' में से कुछ दरबार और फ़ौज में शक्तिशाली भी हो जाते थे।

किन्तु इन ग़ुलामों में जातिगत आधार पर भेद किया जाता था, उदाहरण के लिए अल्तमश की सुलतानी में चालीस तुर्क ग़ुलामों का गुट उसके राज्य के स्तम्भों में से था जिनमें से एक बलबन था जो बाद में बादशाह भी बना। रज़िया के ख़िलाफ़ ये चालीस तुर्क ग़ुलाम इसलिए भी थे कि उसकी निकटता एक हब्शी ग़ुलाम से बढ़ी। ग़ुलामों में से उच्च राजकीय सेवा हेतु इस विशिष्ट वर्ग का चयन लगभग शत-प्रतिशत तुर्कों में से किया जाता था जिसके दो कारण थे : पहला यह कि वे योद्धा माने जाते थे और दूसरा यह कि वे गोरे-चिट्टे सुरूप होते थे। सबसे निचला दरज़ा 'हिन्दू' का था जिसका अर्थ शब्दकोश में ही 'ग़ुलाम, काला, डरपोक, दब्बू, चोर, धोखेबाज़' आदि हो चुका था।[२५] हमारा सरोकार यहाँ 'तुर्क' और 'हिन्दू' से है। ग़ुलाम दोनों थे किन्तु 'तुर्क' और 'हिन्दू' का फ़ारसी

साहित्य में क्या भेद है इसे महमूद ग़ज़नवी के एक दरबारी कवि फ़र्रुख़ी सीस्तानी के इस शेर से समझ सकते हैं :

ता तु–रा तुर्किए सिह बोस०+ए+दुज़्दीद०दिहद
हिन्दुए रा बतवाँ बुर्द+ओ+बि– परदाख़्त ज़ि कार॥

[जितनी देर में एक तुर्क तुम्हें चोरी–छिपे तीन चुम्बन देगा उतनी देर में तो तुम एक हिन्दू को पकड़कर अपना काम निबटा लोगे।]

ग़ुलामों के इस यौन शोषण में ही फ़ारसी कविता के उस मुहावरे की जड़ है जिसने समलैंगिक प्रेमपात्र को सूफ़ी चिन्तन और आध्यात्मिकता में इतनी प्रतिष्ठा दी। इस क्षेत्र में भी महमूद ग़ज़नवी का बहुत केन्द्रीय योगदान है और उसके ग़ुलाम तथा प्रेमपात्र अयाज़ का नाम साहित्य में उतना ही मशहूर है जितना महमूद ग़ज़नवी का। इन तुर्क ग़ुलाम–सैनिकों की विशेषताओं को आत्मसात् करते हुए ही फ़ारसी कविता में 'तुर्क' शब्द 'माशूक़ = प्रेमपात्र' का अभिव्यंजक हुआ, जिसके नाख़ूनों में मेहँदी का काम आशिक़ के ख़ून से लिया जाता है, जो तीर–तलवार चलाने में माहिर है और जिसकी आँखें बादाम जैसी छोटी होती हैं।

एक बहुत महत्त्वपूर्ण अन्तर और है : 'तुर्क' मुसलमान है और 'हिन्दू' काफ़िर। प्रेमपात्र अर्थात् 'माशूक़' के लिए जाति और धर्म के आधार पर जो शब्दावली फ़ारसी कविता में तैयार हुई उसमें 'तुर्क', 'मुग़ (= ज़रदुश्ती धर्म का अनुयायी)', 'तर्सा (= ईसाई)' हैं और माशूक़ के शरीर के कुछ काले रंग के हिस्से (बाल, तिल आदि) हिन्दू कहे जाते हैं।

'सोमनाथ' और 'मनात'

महमूद ग़ज़नवी ने जिस आक्रमण में सोमनाथ का मन्दिर तोड़ा था उसमें फ़र्रुख़ी भी साथ आया था और उसने 'सोमनाथ' की एक व्याख्या की है जिसका इस्लामी मन पर बहुत गहरा प्रभाव पड़ा है। फ़र्रुख़ी का कहना है कि यह शब्द वस्तुतः 'सू–मनात' है[२६] जिसका अर्थ हुआ 'मनात की दिशा' या 'मनात की जगह'। इससे फ़र्रुख़ी ने यह निष्कर्ष निकाला कि इस्लाम के पहले अरबों में जिस प्रमुख मूर्ति 'मनात' की पूजा प्रचलित थी वही 'सू–मनात' चली आयी है। यह कथन इसलिए बहुत महत्त्वपूर्ण

है कि हज़रत मुहम्मद ने ख़ुद अरब की अन्य मूर्तियों के विनाश के साथ विशेष रूप से 'लात', 'मनात', और 'उज़्ज़ा' नाम की तीन देवी-मूर्तियों के विनाश के लिए आदेश दिया था। कथा यह गढ़ी गयी कि 'लात' और 'उज़्ज़ा' को तो तोड़ डाला गया था किन्तु 'मनात' की मूर्ति को छिपाकर उसके पुजारियों ने भारत में 'सू-मनात' के मन्दिर में प्रतिष्ठित कर दिया। ज़ाहिर है कि भावार्थ यह हुआ कि महमूद ग़ज़नवी ने जब सोमनाथ की मूर्ति तोड़ी तो हज़रत मुहम्मद के एक आदेश के पालन को पूर्णता तक पहुँचाया। जैसा कि परवर्ती इतिहासकारों ने उसका यशोगान करते हुए लिखा है, मूर्ति के टुकड़े करके पैरों के नीचे कुचले जाने के लिए ग़ज़नी की मस्जिद और शाही महल के सामने डाल दिये गये। इससे सम्पूर्ण इस्लामी जगत् में महमूद ग़ज़नवी की धाक जम गयी।

यह धाक अब तक क़ायम है और इस्लामी चिन्तन में महमूद ग़ज़नवी एक प्रतापी धर्मयोद्धा के रूप में प्रतिष्ठित है। महमूद ग़ज़नवी के समय के बहुत बाद हुए फ़रीदुद्दीन 'अत्तार' जैसे कवि और इसामी तथा इब्न बतूता जैसे इतिहासकार इस धर्मकृत्य के लिए उसकी प्रशंसा करते नहीं अघाते। इसका अनुकरण करके सुर्ख़रू होने की कोशिशें भी होती ही रहीं। प्रख्यात कवि 'सादी' शीराज़ी अपनी भारत यात्रा में चुपके से सोमनाथ मन्दिर के एक पुजारी की हत्या करके ही भागे तो अलाउद्दीन ख़िलजी और औरंगज़ेब ने बाक़ायदे पुनः सोमनाथ का मन्दिर तोड़ा। भारत में शेख़ अहमद सरहिन्दी जैसे सूफ़ी चिन्तक से लेकर इक़बाल जैसे कवियों तक इस्लामिक चिन्तकों के बीच महमूद ग़ज़नवी की निरन्तर प्रशंसा मुक्तकण्ठ से चलती रही है और आधुनिक समय में भी इसका प्रशस्त गुणगान होता रहता है।

'सोमनाथ' इस्लामिक चेतना का ही नहीं, इस्लामिकेट चेतना का भी एक मुहावरा बन गया। ग़ालिब ने अपनी कविता को 'सोमनाथ+ए+ख़याल (= कल्पना का सोमनाथ)' कहा है। 'मीर' का एक शेर है :

> उसके फ़रोग+ए+हुस्न से झमके है सब में नूर
> शमअ+ए+हरम हो या हो दिया सोमनात का॥

[फ़रोग़+ए+हुस्न = सौन्दर्य का उत्कर्ष; नूर = प्रकाश; शमअ+ए+हरम = काबे के भीतर का चिराग़]

'सूमनात' और 'मनात' का यह समीकरण हो सकता है कि पूर्णतया फ़र्रुख़ी की कल्पना की उपज न हो और पहले से चला आ रहा हो किन्तु इसने थोड़ी और उड़ान का अवसर दिया। चूँकि यहाँ काशी में 'भैरव की लाट' भी है ही, इसलिए 'लात' और 'मनात' दोनों ही भारत में मौजूद माने गये। यह सब इस्लामी दुनिया के लिए कौतूहल भी था और चुनौती भी क्योंकि इसका निहितार्थ यह होता था कि जिन पेड़-पत्थर-पहाड़-नदी पूजने वाले काफ़िरों को इस्लाम ने अरब से समाप्त कर दिया था वे यहाँ मौजूद हैं। यह मौजूदगी हटती नहीं थी, और पूरे वैभव के साथ उस समय भी वर्तमान थी जब उर्दू की ये दास्तानें लिखी गयीं। इस मोड़ पर रुककर एक बात ठीक से समझ लेना आगे की चर्चा के लिए सुविधाजनक रहेगा। इस्लाम का चिन्तन एकपन्थी है अर्थात् उसमें सह-अस्तित्व के लिए कोई स्थान नहीं है। इसका दुहरा असर है, बाहरी तौर पर सिर्फ़ यह हठ कि एक अल्लाह के अलावा कोई उपास्य नहीं हो सकता किन्तु इससे अधिक गम्भीर प्रभाव सम्पूर्ण चालढाल और दृष्टिकोण पर है। 'कविता', 'क़िस्सा-कहानी', 'जादू-टोना', युद्ध और प्रेम, सभी पन्थ-समर्पित होने से ही अपनी वैधता प्राप्त करते हैं। इसलिए 'दास्तान' को सिर्फ़ 'मनोरंजन' तक सीमित रखना भूल होगी। यह लगभग निरपवाद रूप से 'लश्कर+ए+इस्लाम' (= इस्लाम की फ़ौज) द्वारा 'कुफ़्फ़ार' (= काफ़िरों का समूह) पर विजय प्राप्त करने की कथा होती है।

एकपन्थी चिन्तन में गुण स्व-पन्थ में तथा दोष पर-पन्थ में स्वतः सुरक्षित हो जाते हैं। उदाहरण के लिए मान्त्रिक शक्तियाँ सभी सभ्यताओं में स्वीकृत रही हैं किन्तु एकपन्थी सभ्यताएँ उनमें 'अच्छे जादू' और 'बुरे जादू' का अन्तर करती हैं : अपने पन्थ की सेवा में प्रयुक्त जादू को 'अच्छे जादू' में और अपने पन्थ से इतर पन्थ के अनुयायियों की मान्त्रिक शक्तियों को 'बुरे जादू' में अन्तर्भुक्त करती हैं। इस प्रकार ज़रदुश्ती ग्रन्थ ईरान में अपने से पहले प्रचलित 'मागी'[२७] धर्म वालों की इस आधार पर निन्दा करते हैं कि 'मागी जादूगर' हैं। वर्तमान-कालिक उदाहरण के रूप में मार्क्स-पन्थी श्री देवी प्रसाद चट्टोपाध्याय की पुस्तक **लोकायत** ली जा सकती है जिसमें उन्होंने कहा है कि दुर्गापूजा तो एक जादू-टोना है, इसमें धार्मिक कुछ भी नहीं है। 'जादू-टोना' और 'धर्म' के बीच अन्तर करना एकपन्थी सभ्यता का एक मुख्य लक्षण है। प्राचीन पेगन संस्कृतियों

में ऐसा अन्तर नहीं किया जाता, उदाहरण के लिए भारतीय साहित्य में यदि किसी युद्ध में दिव्यास्त्रों का उपयोग दिखाया गया है तो वे दोनों पक्षों में समान चरित्र वाले हैं और इसी प्रकार यदि दैत्यों को अलौकिक शक्तियाँ प्राप्त हैं तो उन्हीं ब्रह्मा या शिव की उपासना से जिनकी उपासना देवता भी करते हैं। एक धर्म के रूप में इस्लाम केवल बोलशेविज़्म से तुलनीय है।

इसलिए इस्लाम की छाँह में लिखे गये कथासाहित्य में जो अलौकिक शक्तियाँ स्वपक्ष अर्थात् 'लश्कर+ए+इस्लाम' के पास होती हैं वे तो नैतिक होती हैं किन्तु जो अलौकिक शक्तियाँ पर-पक्ष अर्थात् ग़ैर-इस्लामी जनसमूह के पास होती हैं वे अनैतिक होती हैं। इन कथाओं में स्वपक्ष की विजय का अर्थ पर-पक्ष की सैनिक और राजनीतिक पराजय तक सीमित नहीं है; 'दास्तान' के भीतर प्रेम हो या तलवार, इस्लाम में धर्मान्तरण के उपकरण ही होते हैं। वस्तुत: किसी भी प्रकार की कला-सर्जना को एकपन्थी विचारधारा में स्थान नहीं मिल सकता जब तक वह उस पन्थ की सेवा के लिए नहीं उपलब्ध है।

उर्दू दास्तानों में स्व-पक्ष तो ख़ैर इस्लाम है, 'कुफ़्फ़ार' अर्थात् शत्रुपक्ष के लोगों को 'हिन्दू' नहीं कहा जाता किन्तु यह पहचानना बहुत आसान है कि ये हिन्दू ही हैं। उदाहरण के लिए **होशरुबा** की शुरुआत में ही यह बता दिया जाता है कि शत्रुपक्षीय अफ़रासियाब अपनी पत्नी हैरत जादू की बहन बहार जादू से सम्भोग की चाहत रखता है। चूँकि इस्लाम में पत्नी के जीवित रहते उसकी बहन से विवाह वर्जित है (पत्नी की मृत्यु के बाद उसकी बहन से विवाह वर्जित नहीं है) इसलिए यह कामना ग़ैर-इस्लामी हुई। दूसरी ओर हिन्दू समाज में न केवल जीजा-साली की यौन अर्थच्छटाओं वाली छेड़-छाड़ चलती रहती है अपितु उनमें विवाह भी सम्भव है, अत: यह पहचानने में कठिनाई न होगी कि यह अफ़रासियाब 'हिन्दू' है।

अन्यत्र कुछ जगहों पर ये संकेत बहुत साफ़ उभर जाते हैं। उदाहरण के लिए **होशरुबा** जिल्द अव्वल, पृ ३० पर अमर ऐयार एक साहिर (= जादूगर) का रूप धरता है और उसकी पोशाक में 'धोती पीतम्बर खड़ाऊँ' शामिल है। इसी प्रकार **होशरुबा** जिल्द अव्वल, पृ. २६५ से प्रारम्भ वर्णन के अन्तर्गत यह बताया गया है कि आफ़त जादू नाम के

एक जादूगर को अमर ऐयार ने पकड़ लिया है और यह ख़बर फैल गयी है कि आफ़त जादू की मृत्यु हो गयी है। इसे सच मानकर उसकी पत्नी हिलाल रो रही है। इस बीच हिलाल का भेस बनाकर अमर ऐयार सती होने की घोषणा करता है। इस पूरे प्रसंग का बड़ा विस्तृत वर्णन है और बयान में उर्दू-फ़ारसी के शेर नहीं दिये गये हैं, तत्कालीन हिन्दी में लिखे गये कवित्त और दोहे आदि दिये गये हैं जिसका स्पष्ट भावार्थ यह है कि जादूगरों का यह समाज चूँकि हिन्दुओं का है अत: यह हिन्दी का प्रयोग करता है।

ऊपर ग़ालिब लखनवी की **दास्तान+ए+अमीर-हमज़ा-साहिबक़िरान** पर चर्चा में हम यह देख चुके हैं कि उर्दू दास्तान में व्रीडा-अश्लील और जुगुप्सा-अश्लील का बेधड़क इस्तेमाल किया गया है। एक उदाहरण **होशरुबा** से भी लीजिए : जिल्द अव्वल, पृ. २४ पर बदीउज़्ज़माँ की प्रेमिका तसवीर जादू को अमर ऐयार 'सुरीन+ए+बालख़ुर०' कहता है। 'खुर०' ऐसा रोग है जिसमें बाल झड़ने लगते हैं और प्राय: यह कुत्तों में दिखायी देता है। अमर ऐयार ने तस्वीर जादू को यह कहा है कि इसके गुह्यांग में यही रोग हुआ है। तस्वीर जादू का प्रेमी बदीउज़्ज़माँ यह सुनकर अपमानित नहीं होता, हँसता है और तस्वीर जादू से कहता है कि इस लालची ऐयार को कुछ पैसे दो जिससे यह तुम्हारी तारीफ़ करे; तस्वीर जादू यही करती है। इसके बावुजूद, और इस्लाम क़ुबूल करने के बाद भी, अमर ऐयार उसे 'ना-शुदनी' कहता है जिसका शाब्दिक अर्थ तो केवल 'न होने के योग्य' ही है किन्तु व्यवहार में यह एक फूहड़ गाली है।

यह 'जादूगर' समाज, जो स्पष्ट ही हिन्दू है और तिलिस्म में रहता है, एक ही ख़ूबी से युक्त है : इसकी लड़कियाँ लश्कर+ए+इस्लाम के बहादुर मुजाहिदों पर तुरन्त आशिक़ होती हैं क्योंकि जैसा हन्ज़ल जादू ने अपनी लड़की को चेताते हुए कहा है, 'ये मुए ख़ूबसूरत बहुत होते हैं'। तस्वीर जादू भी बदीउज़्ज़माँ पर आशिक़ है किन्तु बदीउज़्ज़माँ उसका इश्क़ तभी क़ुबूल करता है जब वह इस्लाम क़ुबूल करती है और उसके बाद फिर शराब के दौर चलने लगते हैं। इसके बावुजूद, उसकी क्या प्रतिष्ठा लश्कर+ए+इस्लाम के बहादुर मुजाहिदों के बीच है, यह हम देख चुके हैं। तस्वीर जादू की यह कहानी पूरी दास्तान में अनगिनत बार

विभिन्न पात्रों के माध्यम से दुहरायी जाती है और हमारे सामने ऐसा इस्लाम आता है जिसमें शराब तभी तक हराम है जब तक उसे ग़ैर-मुस्लिम के हाथ से पीना हो और जिसमें कुफ़्फ़ार की बेटियाँ इस्लाम क़ुबूल करने के बाद भी, निकाह में आ जाने के बाद भी, अपने प्रेमी और पति द्वारा तो दूर, उनके अनुचरों तक से कोई प्रतिष्ठा नहीं पा सकतीं।

यहाँ एक और उदाहरण ले लेना ठीक लगता है। यह **हमज़ा** से है और प्रसंग तब का है जब अमीर हमज़ा परियों की दुनिया कोह+ए+क़ाफ़ से इस धरती पर वापस लौट रहे हैं।[२८] रास्ते में उनकी भेंट 'गाव-सर' प्रजाति से होती है, जिसके लोग मनुष्याकृति किन्तु 'बैल जैसे सिर वाले' होते हैं (गाव = गाय या बैल)। इस प्रजाति की कल्पना कैसे हुई इसे समझने में थोड़ी कठिनाई विदेशी विद्वानों को होती है किन्तु जब हम **भागवत-माहात्म्य** की उस प्रसिद्ध कथा की ओर सोचते हैं जिसके अनुसार एक ब्राह्मणी ने वरदान में मिला फल अपनी गाय को खिला दिया जिसके नाते उससे 'गाय जैसे कान वाला' गोकर्ण नामक पुत्र उत्पन्न हुआ (जिसने **श्रीमद्‌भागवत** की कथा सुनाकर धुन्धकारी नामक प्रेत का उद्धार किया) तब यह पहचानना बहुत कठिन नहीं रह जाता कि यह प्रजाति भी 'हिन्दू' ही है और यह पहचान तब और पुष्ट हो जाती है जब हम इस पर ध्यान देते हैं कि गावसरों के राजा का नाम 'सम्राट' है जो भारत के बड़े राजाओं की प्राचीन उपाधि है। अस्तु, सम्राट हाथ जोड़े आता है, अमीर हमज़ा से कहता है कि वह हमज़ा को 'हरी नदी' से पार करा सकता है बशर्ते कि हमज़ा उसकी बेटी से विवाह कर लें। हमज़ा विवाह के बाद नवविवाहिता पत्नी को सुहागरात में उसकी रति-याचना के प्रत्युत्तर में चाँटा मारकर उसके दाँत तोड़ देता है। अमीर के साथ दो छोकरे हैं जो सम्राट को यह बताते हैं कि 'आदम के बेटों' में सुहागरात नदी के बीच नाव में मनायी जाती है। जिसके बाद सम्राट यही प्रबन्ध करता है किन्तु वहाँ पत्नी की रति-याचना के प्रत्युत्तर में अमीर हमज़ा उसे नदी में डुबा देता है और मल्लाहों को धमकाकर नदी के पार निकल जाता है। 'गावसरों' को बेवकूफ़ बनाने की इस कहानी में, जो जालसाज़ कमीनेपन और छुरेबाज़ धोखाधड़ी पर बनी-बुनी है, लश्कर+ए+इस्लाम के सेनापति अमीर हमज़ा के साथ ही उनके अनुचर ये दोनों छोकरे भी इस पैशाचिक

मनोरंजन में बराबर के हिस्सेदार हैं।

जैसा मैंने ऊपर ग़ालिब लखनवी की **दास्तान+ए+अमीर हमज़ा-साहिबक़िरान** पर चर्चा में कहा है, कुफ़्फ़ार की ये लड़कियाँ इस्लाम क़ुबूल करने और निकाह में आने के बावुजूद 'मंज़ूर+ए+नज़र' से ऊपर का दरज़ा न पा सकती थीं, इनके सौन्दर्य और मादकता की, चातुर्य और साहस की, वफ़ादारी और मुहब्बत की, तारीफ़ हो सकती है किन्तु इन्हें ब्याहता बेगम के अधिकार और यथोचित सम्मान की प्राप्ति न थी। अँग्रेज़ी में ऐसी स्त्रियों को 'demimonde (= समाज में आधी)' कहते थे, और भाव यह था कि इनका एक क़दम ही समाज ने अपने में स्वीकार किया है, दूसरा समाज के बाहर ही है। शायद इसी भाव को बताने वाला शब्द यहाँ भी सही है बशर्ते कि योरोपियन शब्द में निहित स्वातन्त्र्य को हम भूल जायें और जिन हिन्दू-मुस्लिम 'वैवाहिक' सम्बन्धों का इतिहास-चर्चा में बहुत ढिंढोरा पीटा जाता है उनकी वास्तविक स्थिति समझने के लिए भी यही शब्द उपयुक्त है। ग्यारहवीं सदी के भाषाविद् महमूद काशगरी ने सुझाया था कि 'तुर्कमान' का तात्पर्य है 'तुर्क-मानन्द', वे लोग जो 'तुर्क' नहीं हैं अपितु 'तुर्क जैसे' हैं। मैं दास्तान की तस्वीर जादू जैसी स्त्रियों के लिए 'माशूक़-मान' शब्द का प्रस्ताव रखता हूँ— इन्हें वैसे भी 'माशूक़' कहना तकनीकी तौर पर ग़लत है क्योंकि ये ख़ुद ही लश्कर+ए+इस्लाम के जवानों पर आशिक़ होती हैं, पहल इनकी ओर से होती है।

यहाँ ग़ालिब लखनवी की **दास्तान+ए+अमीर-हमज़ा साहिबक़िरान** से ऊपर पहले आ चुके उद्धरण

> नौशेरवाँ की दाढ़ी-मूँछें पेशाब से मूँड़ के हम०तन बरहना करके हाथ-पाँव तो नील से रँगे और मुँह काला करके चूने के टीके दिये

पर फिर नज़र डालिए और यह याद कीजिए कि यह नौशेरवाँ वही है जिसके बारे में यह कहा जाता है कि हज़रत मुहम्मद ने उसके राज्यकाल के समय में जन्म लेने पर सन्तोष जताया था क्योंकि वह एक न्यायप्रिय राजा था, और यह नौशेरवाँ वही है जिस की बेटी इस दास्तान के अनुसार अमीर हमज़ा की बेगम बनने वाली है। इसके साथ ही इस पर ध्यान दीजिए कि **होशरुबा** के खलनायक अफ़रासियाब और जमशेद वे ही हैं

जिन तक बलबन और मिर्ज़ा ग़ालिब जैसे वंशाभिमानी तुर्क अपनी पितृपरम्परा को सगर्व पहुँचाते हैं और जिनकी धाक से फ़िरदौसी का **शाहनामा** जगमगा रहा है[२१] तो हमें इन दास्तान में इस्लाम और कुफ़्फ़ार का एक ख़ास रंग दिखायी देगा। वह यह है कि अफ़रासियाब, जमशेद, सामरी, यह सब काफ़िरों अर्थात् हिन्दुओं के राजा या देवता हैं और अतएव निन्दनीय तथा उपहासनीय हैं।

दास्तानों के आधुनिक अध्येता भी इनमें आयी अनेक बचकानी बातों को 'व्यंग्य और हास्य' का उदाहरण बताते हैं। इस 'व्यंग्य और हास्य' के दो-एक उदाहरण हम ऊपर देख चुके हैं। कुछ और नमूने देखे जा सकते हैं। अमीर हमज़ा एक दुश्मन से हाथ मिलाते हैं और जितनी देर उसका हाथ पकड़कर दबाये रहते हैं, दबाव के मारे उतनी देर उसकी अपान वायु निकलती रहती है। इजिप्ट पर अमीर हमज़ा का आक्रमण होता है, अमीर हमज़ा का आदी नामक योद्धा पाखाने जाता है जहाँ उसका मल इजिप्ट के बादशाह के ऊपर गिर रहा है जो वहाँ छिपकर बैठा था। मल की मात्रा इतनी अधिक है कि उसके ढेर के नीचे बादशाह के दब जाने का ख़तरा है। इससे बचने के लिए बादशाह आदी के अण्डकोष पकड़कर लटक जाता है और आदी उसी हालत में भागता हुआ अपने लश्कर में जा पहुँचता है जहाँ बादशाह को नहला-धुलाकर उससे पूछा जाता है कि वह इस्लाम क़ुबूल करने को तैयार है या नहीं; वह इनकार करता है और उसे तत्काल मृत्युदण्ड दिया जाता है। इतना और ध्यान में रखें कि इस बादशाह की बेटी ज़ोहरा मिस्री ने थोड़ी देर पहले ही अमीर हमज़ा और उनके साथियों को क़ैद से छुड़ाकर उनकी जान बचायी है, पहले से मुसलमान हो चुकी है, और अमीर हमज़ा के ख़ास ऐयार मुक़बिल वफ़ादार की मंगेतर है।

एक नमूना **होशरुबा** से भी : जब तस्वीर जादू इस्लाम क़ुबूल कर लेती है और फिर बदीउज़्ज़माँ के साथ मिलकर मदिरापान तथा नृत्य-संगीत का उत्सव चल रहा होता है, अमर ऐयार कैंची से नर्तकी की पेशवाज़ आगे और पीछे से काट देता है जिससे वह पूर्णतया नंगी हो जाती है। एक और घटना बराबर दुहरायी जाती है, अमर ऐयार जमालगोटा खिलाकर किसी को विषम परिस्थिति में डाल देता है। एक क़ाज़ी साहब जो निकाह पढ़ाने जा रहे हैं वे भी इसके शिकार होते हैं और उनका भेस धरकर

निकाह पढ़ाने अमर ऐयार ख़ुद जा पहुँचता है। यह 'हास्य' वस्तुतः उस 'निकाह' का उपहास है जिसके तहत कुफ़्फ़ार की लड़की से लश्कर+ए+इस्लाम के जवान विवाह करते हैं। जब हम इसमें यह जोड़ते हैं कि हमज़ा में अमीर हमज़ा ने यों तो प्रतिज्ञा कर रखी है कि मिह निगार से विवाह करने के पहले वे किसी और लड़की से शादी नहीं करेंगे किन्तु अमर ऐयार के प्रबल तर्क, "कौन मर्द इस मामले में अपनी बात पर क़ायम रहता है" के आगे यह प्रतिज्ञा तोड़कर वे नाहीद के साथ विवाह कर लेते हैं, तो हमें इन दास्तानों में 'इश्क़' का अर्थ खुलने लगता है।

कुफ़्फ़ार का यह अपमान दास्तानों में तरह-तरह से किया गया है। इन दास्तान में अपनी सारी जादुई ताक़त के बावुजूद, कुफ़्फ़ार कहीं मलमूत्र में लथेड़े जाते हैं तो कहीं समलैंगिक रतिकर्म और अगम्यागमन में लिप्त दिखाये जाते हैं। इन दास्तानों में कुफ़्फ़ार की लड़कियाँ असाधारण कामुकता के साथ लश्कर+ए+इस्लाम के जवानों से पेश आती दिखायी जाती हैं। स्वयं नौशीरवाँ की बेटी और अमीर हमज़ा की प्रेमिका मिह्र-निगार का यह हाल है कि पहली देखादेखी के दिन ही अमीर हमज़ा उसके कमरे में रात को पहुँचते हैं और सीधे उसके स्तनों पर हाथ रखते हैं; चूँकि वह सो रही थी इसलिए पहले तो चौंककर शोर मचाती है किन्तु जैसे ही उसे पता चलता है कि यह कौन है, वह अमीर हमज़ा को पलँग के नीचे छिपा देती है और इकट्ठा हो चुकी सेविकाओं को बहाने बनाकर टाल देती है।

दास्तान+ए+अमीर-हमज़ा-साहिबक़िरान से ही एक और उदाहरण ध्यान देने योग्य है और यह भी ध्यान देने योग्य है कि इस दास्तान पर शोध करने वाली फ्रान्सेस पिचेट (Frances Prichet) ने इसका जो अनुवाद नेट पर डाल रखा है उसमें इस घटना का कोई उल्लेख नहीं है। अमीर हमज़ा की सेना नौशीरवाँ की राजधानी पर आक्रमण कर उसे तहस-नहस कर चुकी है किन्तु मिह्रनिगार के कहने पर सभी क़ैदी छोड़े जा चुके हैं और लूट का माल वापस कर दिया गया है। तात्पर्य यह कि अब युद्ध समाप्त है, 'सासानियों की बेटियों-बीवियों को साईसों और ऊँटवानों के सुपुर्द करने' का निर्णय वापस लिया जा चुका है, और नगरवासी अब अमीर हमज़ा से अभय पा चुके हैं। अमीर हमज़ा के विजेता लश्कर+ए+इस्लाम का पड़ाव पड़ा हुआ है। उसका आदी नामक एक

सेनापति देखता है कि एक खेमे के आसपास एक बारह साल की लड़की भटकती फिर रही है। पता लगता है कि वह 'बख़्तक' की बेटी है जो नौशीरवाँ का एक मन्त्री है। आदी सोचता है, ''यह ठीक ही होगा कि अगर अमीर हमज़ा ने (राजा नौशीरवाँ की बेटी) मिह्रनिगार को हासिल किया तो मैं (उसके वज़ीर) बख़्तक की बेटी को हासिल करूँ।'' आदी उस लड़की को अपने खेमे में ले आता है और उसके साथ बलात् सम्भोग करता है जिसके नाते उस लड़की की तत्काल मृत्यु हो जाती है। बात खुलने पर अमीर हमज़ा नाराज़ होकर आदी को भी उस लड़की की लाश के साथ ही ज़िन्दा गाड़ देने का हुक्म सुनाना चाहते हैं किन्तु मिह्रनिगार जो अब तक मुसलमान हो चुकी है और मक्का मदीना जाने की तैयारी कर रही है, आदी को क्षमादान के लिए अनुरोध करती है। यही अनुरोध अमर ऐयार भी करता है और उसका तर्क है, ''जैसे आप ज़बरदस्ती दुश्मन के क़िले तोड़ते हैं, वैसे ही इसने भी ज़बरदस्ती एक क़िला तोड़ा है।'' बस, आदी को क्षमा मिल जाती है और जश्न शुरू हो जाता है। आप अगर यह जानना चाहें कि यह लड़की किस जाति-धर्म की है तो यह याद कर लीजिए कि जब उसकी दादी, अर्थात् बख़्तक की माँ, की शवयात्रा निकली थी तो उसमें बहुत सारे ब्राह्मण शंख बजाते अपने एक सौ पचहत्तर देवताओं का नामकीर्तन करते हुए चल रहे थे और अमर ऐयार भी एक ब्राह्मण के भेस में 'लात और मनात' का नामजप करता हुआ इसमें शरीक था।

'ज़बरदस्ती क़िला तोड़ना' विजेता होने का सपना भी था, अतीत का गौरव-स्मरण भी। यदि हम इन दास्तानों के लिखे जाने का समय देखें तो यह सर सैयद अहमद खाँ, मौलाना हाली आदि का समय है जब 'इस्लाम के अरबी अतीत' की वापसी की उम्मीदें बाँधी जा रही थीं। अँग्रेज़ों द्वारा भारत का शासन हाथ में लेने का अर्थ यह लगाया जाता था कि हिन्दुस्तान की हुकूमत मुसलमानों के हाथ से निकल गयी और इसके सामने वह ज़माना याद दिलाया जाता था जब अरब फ़ौजें नये-नये देश विजित करती थीं। इस पूरे बौद्धिक माहौल में यह विलाप स्थायी भाव के रूप में था कि 'ईरानी असर' के नाते और 'कुफ़्फ़ार की संगत' से ही 'शुद्ध अरबी इस्लाम' की यह दुर्गति हुई है। कुफ़्फ़ार के अन्य सभी उदाहरण तो इतिहास और साहित्य में बच रहे थे, प्रत्यक्ष केवल हिन्दू दिखते थे

अतः उन्हीं को शत्रु के रूप में प्रस्तुत किया जाना था। यह हिन्दू जनेऊधारी ब्राह्मणों, अरब के इस्लाम–पूर्व मूर्तिपूजकों, और पारसी अग्निपूजकों समेत उन सभी ग़ैर–मुस्लिम वर्गों का प्रतिनिधित्व करता है जिनसे इस्लाम का कभी सामना हुआ था। यह एक 'सिन्थेटिक हिन्दू' है।

ऐसा हिन्दू देखिये, ऐसा मुसलमाँ देखिये!

लेकिन उर्दू दास्तानों का हिन्दू अगर 'सिन्थेटिक हिन्दू' है तो उनका मुसलमान भी कसौटी पर खरा नहीं उतरने वाला है। यहाँ मैं इन दास्तानों के नायकों द्वारा मदिरापान जैसी मामूली बात की ओर इशारा नहीं कर रहा हूँ और अपनी बात साफ़ करने के लिए एक उदाहरण देता हूँ।

प्रसंग यह है कि जादुई लड़ाई चल रही है। जादूगरों के राजा अफ़रासियाब की पत्नी हैरत जादू की बहन बहार जादू अब लश्कर+ए+इस्लाम की ओर से लड़ रही है और उसका साथ महरुख़ जादू दे रही है। इनकी सेना को कुफ़्फ़ार की ओर से लड़ रहे मुसव्विर जादू ने जादूगरों के आराध्य देव सामरी की आराधना करके अपनी सहायता के लिए प्राप्त तिलिस्मी पुतलों के बल पर अपने बस में कर लिया है; यह मुसव्विर जादू सामरी का पोता भी है। बहार को अमर ऐयार समझाता है कि वह भाग निकले पर वह इसे कायरों का काम समझती है और अपनी सेना को मुसीबत में छोड़कर अकेले बच निकलने को अच्छा नहीं मानती। फिर इसके बाद—

> बहार ने कहा, "ख़्वाजा एक लम्हा भर तअम्मुल फ़रमाइये। मैं मतीअ+ए+इस्लाम (= इस्लाम की सेविका) हूँ जैसा मुसव्विर ने सामरी को पुकारकर पुतले बुलाये मैं भी दुआकर के अपने ख़ुदा को पुकारती हूँ..."
>
> अब इनको तो मसरूफ़+ए+दुआ (= दुआ करने में व्यस्त) छोड़िए, शम्म०+ए+हाल+ए+महरुख़ सिह्र–चश्म (= टोना करती आँखों वाली महरुख़ का थोड़ा सा समाचार) सुनिये...

[इसके बाद एक चमत्कारयुक्त वन का विस्तृत वर्णन है जिसका नाम 'सामरीबन' है और जिसमें विचित्र रूप वाले लोग 'सामरी, सामरी जप रहे थे'।]

महरुख़ ने भी जाकर एक तरफ़ आसनी बिछायी और जितने सिह्न (= टोना) कि याद रखती थी जितने मन्तर कि हिफ़्ज़ थे, सबको पढ़ गयी। यकायक सदा आयी कि "जा तू, यह कुल सिह्न हमने तेरे क़ब्ज़े में दिये।" उसने जब यह सदा सुनी, सात बोटियाँ अपने जिस्म से काट कर पुकारी कि "या सामरी, तुम्हारा भोग देती हूँ।"...

फिर आवाज़ आयी कि "अफ़सोस, अगर तू मलेच्छ न होती और साथ मुसलमानों का न देती तो हम तुझको अपने रू-ब-रू बुलाते और जिल्व०+ए+कुदरत दिखाते। अच्छा अब हमारे नाम का चिल्ला खींच (चालीस दिन की तपस्या कर)।"...

महरुख़ इसी ग़रज़ से अब तक मुसलमान नहीं हुई थी कि सिह्न करने में परस्तिश (= ग़ैर-इस्लामी पूजा) करना होगा। इस वक़्त इस कलमात (= शब्दों) से हरचन्द दिल न मानता था और निहायत दरज० कराहत (= घिन) आयी मगर चूँकि मतलब फ़ौत होता था बिनाबर मस्लहत सजदा किया...पूजा करती रही जब चिल्ला पूरा हुआ सदा आयी कि "जल्द जा तेरे लश्कर को मेरे पोते ने बरबाद कर रखा है। कुछ फूल यहाँ से चुनती हुई जा और तिलिस्मी पुतलों से लश्कर को अपने बचा।"

...

(महरुख़) रवाना हुई और उस वक़्त आकर पहुँची कि बहार दुआ में मसरूफ़ थी और हनोज़ (= अभी तक) दुआ तमाम न हुई थी।...

[इसके बाद सामरीबन से जो फूल महरुख़ लायी थी उनकी सहायता से महरुख़ और बहार की सेना जीत जाती है।]

—**होशरुबा** जिल्द अव्वल, पृ. ७८५ से आगे तक

यहाँ ग़ौरतलब है कि महरुख़ ने काला जादू किया है और बहार जो दुआ अल्लाह से कर रही है उसके जवाब में लश्कर+ए+इस्लाम की मदद में सामरी के दिये फूल पहुँचते हैं जबकि इस काले जादू की झूठी दुनिया को ख़त्म करने के लिए ही लश्कर+ए+इस्लाम लड़ रहा है। साथ ही यह भी पता चल रहा है कि ग़ैर-इस्लामी पूजाविधियाँ न केवल झूठी और प्रभावहीन नहीं है अपितु उन्हें लश्कर+ए+इस्लाम की मदद में इस्तेमाल भी किया जा सकता है। सबसे महत्त्वपूर्ण यह कि यह ग़ैर-इस्लामी आराध्य सामरी मुस्लिम और ग़ैर-मुस्लिम में फ़र्क़ नहीं करता और सबको एक

नज़र से देखता है (यह बात सामरी ने महरुख़ से स्पष्ट शब्दों में कही भी है) और जो भी उसकी पूजा करे (चाहे उस पूजक के मन में घिन ही क्यों न हो जैसे कि महरुख़ के मन में है), सामरी सबको वरदान देता है।

यों तो एक बहुत पुराना शेर है :

तेग़+ए+तु दानद कि चीस्त,
रम्ज़+ओ+इशारात+ए+दीं;
तुर्फ़ः बुवद! हिन्दुए, वज़ अरबी तर्जुमाँ !!

—खाक़ानी

[(अपने आश्रयदाता शिर्वानशाह की प्रशंसा में ख़ाक़ानी कहता है:) तुम्हारी तलवार जानती है कि इस्लाम के रहस्य और सूक्ष्म संकेत क्या हैं। आश्चर्य है कि यह तलवार है तो हिन्दू[30] किन्तु अरबी से अनुवाद करती है अर्थात् क़ुर्आन का अर्थ समझाती है।]

किन्तु यह साफ़ है कि **होशरुबा** के विवरण में कोई आलंकारिकता और गूढ़ अभिव्यंजना नहीं है : वह बेहद ठोस और ठस क़िस्म की एक स्वीकृति है जो तत्कालीन लोकप्रिय इस्लाम की वास्तविकता को उजागर करती है। यह फिर दुहराना ठीक होगा कि दास्तानों के लिखे जाने का वक़्त इस्लाम के गौरवशाली अतीत के गुणगान का वक़्त था, महमूद ग़ज़नवी, शेख सरहिन्दी और शाह वलीउल्लाह को बराबर याद करने का वक़्त था किन्तु यह वह वक़्त भी था जब क़ब्रों पर चादरें चढ़ती थीं, पीर-फ़क़ीर तावीज़ बाँटते थे और मन्दिरों में विपत्ति-निवारण के लिए मुसलमानों द्वारा मनौतियाँ मानी जाती थीं :

फैला है कुफ्र याँ तक काफ़िर तेरे सबब से
शमअ+ए+हरम भी दे है, माथे पर अपने टीका॥

—मीर 'दर्द'।

[शमअ+ए+हरम = काबे के भीतर का चिराग़ ; चिराग की लौ के लिए उत्प्रेक्षा की है कि वह उसके माथे का टीका है।]

शास्त्रीय और लोकप्रिय इस्लाम की इस सह-उपस्थिति ने ही इस 'सेक्युलर' सामरी को दास्तान में जगह दी है। भारतीय इस्लाम में यह कोई नयी बात नहीं थी किन्तु जो कथा कुफ़्फ़ार पर इस्लाम के निरन्तर विजय की कथा होने का दावा करती है उसमें यह अन्तर्विरोध अधिक

असुविधाजनक था और इस नाते भी इन दास्तानों के बयान में एक बेतुकापन लगातार झलकता है जिसके नाते इन दास्तानों के वास्तुशिल्प में 'चाहिए' और 'नहीं चाहिए' के बीच ख़राबात एक नौसिखिये नट की तरह मस्जिद के ज़ेर+ए+साया हिचकोले खाता रहता है।[३१]

इन दास्तानों का भूगोल और इतिहास भी वस्तुतः उनके द्वारा बनाये गये तिलिस्म से अलग नहीं है। यह कभी-कभार कहा गया है कि उर्दू दास्तान का देशकाल उन्नीसवीं सदी के उत्तरार्ध का लखनऊ है। उदाहरण के लिए 'ब्रान्डी' का यह उल्लेख—तिलिस्म के भीतर सावन है और फिर पुकार उठ रही है :

> बोतलें लाव बरांडी की मनायें सावन।
>
> —**होशरुबा**, पृ. ३७०

इस 'समकालीनता' या (चूँकि कथा का देशकाल इस्लाम के ठीक पहले का अरब है) 'विषमकालीनता' पर समीक्षकों ने बहुत ध्यान दिया है यद्यपि यह स्वाभाविक है और इसकी निन्दा या प्रशंसा का कोई तर्क नहीं उपजता। अमीर हमज़ा के समय तो उर्दू भाषा भी नहीं थी। मीर अनीस और दबीर के मर्सियों में भी तत्कालीन लखनऊ का चाल-चलन दिखायी देता है, अरबी नहीं। इन कथा-सर्जकों का काम यह नहीं था कि वे अपने से डेढ़ हज़ार बरस पहले के एक सर्वथा अनजाने समाज की संस्कृति को यथातथ प्रस्तुत करें, न ही उनमें इसकी कोई क्षमता या समझ ही थी। किन्तु उनकी जैसी भी प्रस्तुति है, उसके निहितार्थ सतह से नीचे गहराई तक जाते हैं, उदाहरण के लिए **हमज़ा** (के बड़े संस्करण) में यह आया हुआ है कि ब्रिटेन का वास्तविक राजा पहले मुसलमान था जिसे हटाकर कोई और गद्दी पर बैठ गया है। इस पर हँसा जा सकता है किन्तु जब हम ध्यान देते हैं कि डॉ. इक़बाल का एक पत्र अपने बड़े भाई के नाम मौजूद है जिसमें उन्होंने इस पर हर्ष व्यक्त किया है कि मुहम्मद स्टालिन नामक एक मुसलमान का रूस पर राज्य हो गया है तो बल पेट में ही नहीं पेशानी पर भी पड़ने लगते हैं।

एक और उदाहरण—तिलिस्म के भीतर चल रहे एक मेले का विवरण देखिये :

> ...हर मुल्क और क़ौम और मज़हब मिल्लत का आदमी मेले में आया था कहीं

हिन्दू थे कहीं जमशेद-परस्त कहीं आतश-परस्त थे। **मुसलमान भी ख़ाल-ख़ाल इस मुल्क में पोशीदा थे...**

हिन्दू चन्दन रगड़ रहे हैं, तिलक देते हैं, खोर सन्दल के और हाथों पर क़श्क़े खींच रहे हैं। कहीं दरख़्त तले लटकन पर घड़ा रखा है, पेंदे में उसके सूराख़ किया है, नीचे सिरी महादेव जी की मूरत रखी, उस पर बूँद-बूँद पानी टपकता है।

बाज़ अदराज[३२] का माला हाथ में लिए राम नाम जप रहे हैं, बाज़ अकटबल करके चक्कर ले रहे हैं, बाज़ कम्मल की थैली में डाले माला जपते हैं, बाज़ गाय की मूरत हाथ में लिए चन्द्रमा को पानी देते। पीपल के दरख़्त पर खारुए की झण्डी बँधी है, चबूतरा दरख़्त का बँधा है उस पर जोगी गेरुआ लिबास पहने मुँदरे कान में गले में कण्ठी डाले शेर की खाल पर बैठा हुआ माला जपता है आगे ठेक रखी है उसमें उपला दबा है चेले गिर्द नारियल पी रहे हैं।

बाज़ जोगी छतरी लगाये छप्पर के नीचे बैठे हैं। आज़ाद फ़क़ीर लम्बी टोपी पहने माँगते फिरते हैं...

—**होशरुबा** जिल्द अव्वल, पृ. ८७५, ज़ोर मेरा है

यह तिलिस्म अपने सारे ब्यौरे में लखनऊ या थोड़ी अधिक व्यंजना के साथ हिन्दुस्तान है किन्तु इस पर भी ध्यान दीजिए : मुसलमान भी ख़ाल-ख़ाल (= बहुत कम) इस मुल्क में पोशीदा (= छिपे हुए) थे। यह तिलिस्म वही मौलाना हाली और अल्लामा इक़बाल का हिन्दुस्तान है जिसे जीतना अभी इस्लाम के अधूरे कामों में से एक है।

इन दास्तानों को धर्म प्रचार के एक माध्यम के रूप में प्रस्तुत करना एक रक्षात्मक युक्ति मालूम होती है और ऐसा लगता है जैसे किसी सेन्सर बोर्ड से इन्हें पास कराने की लगातार कोशिश चल रही है, जैसे इन दास्तानों के कथा-वाचकों, कथा-लेखकों और कथा-रसिकों को लगातार यह ख़तरा बना रहता है कि उनका यह कथा-कर्म इस्लाम-विरोधी माना जायगा। इस भय के सैद्धान्तिक और ऐतिहासिक आधार भी सर्वथा अनुपस्थित नहीं कहे जा सकते। इसलिए इनके कथा-प्रवाह के बीच हमें कोई अवसर ऐसा दिया ही नहीं जाता जब हम यह थोड़ी देर के लिए भूल सकें कि यह क़िस्सा एक लड़ाई का है जिसमें कुफ़्फ़ार पर यौनिक और सैनिक विजय प्राप्त करना ही औचित्य और नैतिकता को परिभाषित करता है।

इस मुँहफाड़ और देहउघाड़ तरफ़दारी की तार्किकता बराबर अपने फैलाये जाल के फन्दों में उलझती रहती है। ऊपर हम यह देख चुके हैं कि कैसे शराब तभी तक हराम है जब तक वह कुफ़्फ़ार के हाथ से पी जाती है और कैसे लश्कर+ए+इस्लाम की बचत सामरी के दिये फूलों से हो रही है। शायद इस तार्किकता की बन्द गली वहाँ जाकर ख़त्म होती है जहाँ तिलिस्म के असली राजा लाचीन को क़ैद से छुड़ाया जाता है। यहाँ यह ध्यान में लाना होगा कि जिस तिलिस्म को जीतना है उसका शासक अफ़रासियाब भी उसका उचित शासक नहीं है, उसका वास्तविक शासक तो लाचीन था जिसने एक बार अपने धर्म पर सन्देह व्यक्त किया और इस्लाम के प्रति आस्था जतायी जिसके नाते अफ़रासियाब ने उसे अपदस्थ करके गद्दी पर अवैध क़ब्ज़ा जमा लिया है।

यह एक दिलचस्प दावा है कि जिस जादुई दुनिया का ख़ात्मा ही लश्कर+ए+इस्लाम की मौजूदगी का कारण है उसका वास्तविक शासक इस्लाम के प्रति वफ़ादार है। हम यह सवाल पूछने पर विवश हैं कि यदि अफ़रासियाब ने यह अवैध क़ब्ज़ा न जमाया होता तो क्या होता और यह जवाब देने पर विवश हैं कि तब यह तिलिस्म ही मौजूद न रहता क्योंकि दास्तान के तर्क से इस्लाम पर यक़ीन करते ही यह तिलिस्मी दुनिया ख़त्म हो जाती है। अर्थात्, यह तिलिस्म है ही इसलिए कि अफ़रासियाब ने तिलिस्म के होने पर यक़ीन किया और उस मालिक को हटा दिया जो तिलिस्म में होते हुए भी तिलिस्म के होने पर यक़ीन नहीं करता था। चूँकि दास्तान का बनाव–बुनाव तिलिस्म पर ही है इसलिए इसका सीधा तात्पर्य यह है कि दास्तान की दुनिया एक ग़ैर–इस्लामी दुनिया है जो न केवल फ़रेब है अपितु वह अपने फ़रेबी अस्तित्व की वैधता भी इस्लाम पर यक़ीन न करने से ही प्राप्त करती है।

यहाँ पहुँचकर इस इस्लामिकेट सुरंग के रास्ते साहित्य और कला के समग्र में दास्तान को वैध नागरिकता सहज ही प्राप्त हो सकती थी किन्तु दास्तान का मुखर आग्रह अपने अस्तित्व की वैधता को इस्लाम पर यक़ीन में ही प्राप्त करने का है और इसलिए उस पर कोई साहित्यिक मानदण्ड उसके वाचकों, लेखकों, (और शायद अधिसंख्य गुणग्राहकों) की हार्दिक अभिलाषा के विपरीत ही लागू किये जा सकेंगे।

क्या उर्दू दास्तान साहित्य है ?

यदि सब रचनाएँ साहित्य नहीं हैं तो ज़ाहिर है कि यह तय करना आसान नहीं है कि कोई रचना कब और क्यों साहित्य है।

पहुँचना दाद को मज़लूम का मुश्किल ही होता है
कभी क़ाज़ी नहीं मिलते, कभी क़ातिल नहीं मिलता ॥

—अकबर इलाहाबादी

[दाद = न्याय; मज़लूम = (न्याय पाने की इच्छा करने वाला) अत्याचार-पीड़ित; क़ाजी = न्यायाधीश; क़ातिल = (न्यायिक निर्णय का कार्यान्वयन करने वाला) वधिक]

यह आश्चर्य और चिन्ता का विषय है कि अमर ऐयार **हमज़ा** में बख़्तक को ज़िन्दा उबालकर उसका गोश्त नौशीरवाँ और उसके दरबारियों को खिला देता है[३३] और हमारे आधुनिक समीक्षक इसे अमर ऐयार की 'शरारतों (= pranks)' में गिनते हैं। इसका एक बड़ा कारण उनकी उन सूक्ष्म संकेतों से अनभिज्ञता भी है जो इस कथा और इस कथा के पात्रों को बनाते हैं। उदाहरण के लिए अमर ऐयार के शरीर का निचला हिस्सा छह गज़ का और ऊपरी हिस्सा तीन गज़ का है। भारतीय इस्लाम से थोड़ा परिचय रखने वाला यह बात तुरन्त समझ जायेगा कि अमर ऐयार के शरीर की कुल लम्बाई नौ गज़ की हुई अर्थात् वह एक 'नौगज़ा पीर' है जो उसके एक महान् इस्लामी सिद्ध पुरुष होने का संकेत है। किन्तु इस पुस्तक के बारे में इधर जो कुछ भी लिखा गया है उसमें इस बात को सिर्फ़ अमर ऐयार की 'अनगढ़ देह' के रूप में रखा गया है जैसे वह कोई जोकर हो जिसने अपना रूप बेतुका बना रखा है। तथापि ऐसा अपरिचय ही हमेशा कारण नहीं है, और सब अनजाने ही नहीं है कुछ

जानबूझकर भी है। यह विशेष खेदजनक है कि श्री शम्सुर्रहमान फ़ारूक़ी जैसे मूर्धन्य अध्येता ने चाणक्य की कूटनीति से अमर ऐयार के अमानुषिक कृत्य को तुलनीय माना है। मुझे इस आलोचकीय धाँधली की कोई व्याख्या इसके अलावा समझ में नहीं आती कि किसी तरह एक ऐसा हम्माम तैयार किया जाय जिसमें अमर ऐयार की बेहूदगियों को ढकेलकर यह कहा जा सके कि इसमें सब नंगे ही तो हैं।

अमर ऐयार को जो भी जादुई झोला आदि मिले हैं वे इस्लाम के पुराने पैग़म्बरों के आशीर्वाद से मिले हैं किन्तु इसका भी कुल मतलब 'चमत्कार' तक सीमित किया जाता है और यह बुनियादी बात सिरे से ग़ायब रहती है कि जिसे हफ़ीज़ जालन्धरी ने 'बाल साहित्य' में समेटने लायक माना, उसका वास्तविक उद्देश्य एक हिंसा-तटस्थ मन को तैयार करना है जो सभी तरह की अनैतिकताओं और क्रूरताओं को एक 'उद्देश्य' के नाम पर तर्कसम्मत ठहरा सके। बलात् सम्भोग, बलात् धर्मपरिवर्तन, निहत्थे लोगों का सामूहिक वध, सोते हुए लोगों की हत्या, चोरी, लूट, विश्वासघात, कुछ भी ऐसा नहीं है जो अमीर हमज़ा के ऐयार न करते हों और यह सब अगर 'शरारत' है तो फिर अपराध क्या है? किन्तु इसे 'शरारत' कहते रहने से इन कृत्यों की आपराधिकता की ओर से आँखें मूँदना और मुँदवाना आसान होता है। इसका कुल मतलब इतना होता है कि चूँकि कुफ़्फ़ार इतने ख़राब होते ही हैं, लश्कर+ए+इस्लाम उन पर जो भी अत्याचार करे, सब वैध हैं। इन दास्तानों के अनुसार कुफ़्फ़ार कुछ इसी तरह 'इतिहास से बाहर' हैं जिस तरह हेगेल के अनुसार अफ़्रीका के लोग—उन्हें सताया जा सकता है क्योंकि उन्हें दर्द नहीं महसूस होता।

इन दास्तानों में कल्पना का अतिरेक है और लोकोत्तर जागतिकताओं की सर्जना भी, किन्तु ऐसी नहीं कि पहले कभी हुई ही न हो। वस्तुतः आधुनिक 'यथार्थवादी' साहित्य को छोड़कर समस्त साहित्य में पराजागतिकता[३४] का ही बोलबाला रहा है। दुर्भाग्यवश हुआ यह है कि **हमज़ा** का अनुवाद कर चुके और **होशरुबा** का अनुवाद कर रहे मुशर्रफ़ अली फ़ारूक़ी ने इन किताबों की कुछ अधिक ही प्रशंसा कर दी है और पश्चिम के कुछ समीक्षकों ने इसे जस-का-तस लपक लिया है। अनिल मेनन ने अपनी समीक्षा में ऐसे दावों की अच्छी पोल खोली है।[३५]

कुछ हद तक ऐसे दावे करना शायद उर्दू की सीमा भी है जिसकी सारी पूँजी फ़ारसी की थी और अपनी ओर से जोड़ने के लिए सिर्फ़ दिल्ली या लखनऊ का रोज़मर्रा था किन्तु 'एटीच्यूड लेने' की इस विवशता को थोड़ा किनारे रख दें तब भी आलोचना के इस अपच के नाते दास्तान-विधा का मूल्यांकन 'हँसिये के ब्याह में खुरपे का गीत' जैसा हो चला है और उसकी वास्तविक प्रकृति तथा गुणवत्ता भी आँख से ओझल ही रहती है।

वस्तुतः उर्दू दास्तानों का लिखित स्वरूप जो शब्द और उसके अर्थ तक सीमित है, उर्दू साहित्य के प्रतीक-शब्दों और धारणाओं को उनके 'यथार्थ' पर ला पटकने से बनता है। अर्थात् शराब को शराब समझने, शबाब को शबाब समझने, कुफ्र को कुफ्र समझने और इस्लाम को इस्लाम समझने से बनता है। यह प्रवृत्ति उर्दू की काव्य-परम्परा को तोड़ने और 'नये ज़माने की बात करने' की है, रतननाथ 'सरशार' के शब्दों में 'अनीसियों' और 'दबीरियों' से अलग होने और 'नेचरियों' में शामिल होने की है। यह वही प्रवृत्ति है। जो 'ग़ालिब' को उलटकर (उनके शागिर्द) मौलाना हाली में बदलने की और 'दाग़' को उलटकर (उनके शागिर्द) अल्लामा इक़बाल में बदलने की प्रवृत्ति है यह व्यंजना का अभिधा में बदलना था; यह व्याख्या, भावार्थ और भाष्य की सुरंगों-खिड़कियों-दरवाज़ों को मूँदकर बनाये गये मकान में क़ैद आदेशों का शब्द-संग्रह था। ये दास्तानें कुछ सपनों का बयान थीं जो सुदूर अतीत को वर्तमान में जीने से अपने पाठकों का भविष्य परिभाषित करती थीं। किन्तु ये सपने 'यथार्थवादी' थे—इनके मुहावरों की गढ़त-बढ़त परियों और शाहज़ादों की ज़रूर थी किन्तु इनके पैर उसी ज़मीन पर टिके थे जिस पर सर सैयद अहमद ख़ाँ के। इन्हें 'फ़न्तासी' कहा जाता है किन्तु यह भूल है, ये दास्तानें एक संकल्प का घोषणापत्र थीं और इनकी शमशीरें असली थीं, सिर्फ़ इतना था कि वक़्त की पगडण्डी पर चलने वाले अभी उस पड़ाव पर नहीं पहुँचे थे जहाँ ये चल रही थीं। ये या तो इतिहास थीं या भविष्यवाणी थीं किन्तु ये 'कथा' नहीं थीं। इनमें हास्य-व्यंग्य की उपलब्धता बतायी जाती है किन्तु सच यह है कि इन्हें पढ़ते-सुनते हुए हँसी आ ही नहीं सकती क्योंकि बयान में एक ख़ौफ़नाक इकहरापन है जिसकी सपाट सतह से कोई भी अर्थसंग्रह वर्जित है।

दास्तानों के साहित्यिक गुण उस अभिनय-कला में छिपे हैं जो दास्तान की प्रस्तुति का अनिवार्य अंग होती थी। संस्कृत नाटकों में एक प्रकार का नाटक 'भाण' कहलाता है जिसकी यह ख़ूबी है कि इसमें एक ही अभिनेता होता है और उसे पूरा नाटक ख़ुद ही करना होता है, किसी दूसरे पात्र का भी संवाद वह "क्या कह रहे हो/रही हो?" से शुरू करके आगे बढ़ाता है। ज़ाहिर है कि उसे अनेक लोगों की बोली की ही नहीं बात की भी विश्वसनीय अनुकृति उतारनी पड़ती है, साथ ही हाट-बाज़ार, मन्दिर-मेला, युद्ध और राजदरबार, सब अपने अकेले दम पर दिखाना होता है और मजमा इकट्ठा करके उसे बाँधे रखना पड़ता है। मुझे इसमें सन्देह नहीं है कि जिसे हम आज 'भाँड़' कहते हैं। वह इसी 'भाण' से निकला है और ईरान की 'नक़्क़ाली' कला इसी नाटकीय प्रस्तुति से निकली है। इसी 'नक़्क़ाली' से 'दास्तान-गोई' का जन्म हुआ है यह हम ऊपर देख ही आये हैं।

चूँकि दास्तानों का आधार अभिनय था इसलिए इनके लिखित रूप में भी बोली-बानी बहुत सजीव है। एक उदाहरण लीजिए—हन्ज़ल जादू की बेटी की मँगनी हो चुकी है लेकिन वह क़ासिग के इश्क़ में गिरिफ़्तार है और बदनाम हो चुकी है, यह सुनकर उसका भावी ससुर यानी हन्ज़ल जादू का भावी समधी हन्ज़ल जादू के यहाँ आ पहुँचता है, हन्ज़ल जादू भाँप जाती है और ऊपरी स्वागत के बाद अपनी बातों के लपेटे में उसकी बोलती बन्द कर देती है। ज़रा हन्ज़ल जादू के बोल सुनिए :

(तड़क़कर बोली) :

> "जो कोई उसको बद कहता है वह झक मारता है। बच्ची मेरी सीधी बात तो करना जानती नहीं, वह निगोड़ी यारी आशनाई क्या जाने। और सुनो साहब, तुम्हें शादी करना है तो वह ख़राबों की ख़राब ही गो न हो, तो करो, नहीं मैं गले तो लगाती नहीं। कुछ मछलियाँ तो हैं नहीं जो सड़ी जाती हैं। जब तुम लोगों ने मेरी दहलीज़ की ख़ाक ले डाली तब मैंने मँगनी की। और अब यह बातें हैं!
>
> मगर अब भी कुछ बन्दी को ऐसी परवा नहीं। यह न समझना कि यह मेरी लड़की को कोई न पूछेगा। और न पूछे तो बला से न पूछे, उसको किसी बात की कमी है?"
>
> यह कहकर कोसना शुरू किया कि "या सामरी, जिस तरह मेरी बच्ची को लोगों

ने बदनाम किया है, उनकी कँवारियों के आगे आये।''

—**तिलिस्म+ए+होशरुबा** जिल्द अव्वल, पृ. ६०१

स्थितियों, स्थानों और आचरणों का वर्णन भी इसी कारण बहुत चित्रात्मक और विस्तृत होता था। उदाहरण के लिए तिलिस्म के भीतर का एक दृश्य देखिए :

> जा–ब–जा चौके लगे हैं आसनी हर जगह बिछी है पूजे पाठ में बाज़ मसरूफ़ हैं यानी अशनान ग्यान ध्यान में हैं कुएँ पुख़्ता बने हैं धोती छाँट रहे हैं कोई सूरज से आँख मिलाये हाथ जोड़े खड़ा है कोई होम कर रहा है।

—**होशरुबा**, पृ. ३७१

किन्तु यह भाषा–चातुर्य भी कुल इतना बताता है कि दास्तानों के लिखने वाले लखनऊ के हैं। बोली के इस साज–सिंगार में दास्तान का इकहरापन मौजूद रहता है, रतननाथ 'सरशार' के **फ़सान०+ए+आज़ाद** की तरह की तहदारी नहीं है और न ही 'शौक़' की मसनवियों की तरह ये किसी दुनिया में भाषा की खिड़कियाँ खोलती हैं।

'हिन्दू-मुस्लिम' और चन्द्रकान्ता

हिन्दी साहित्य पर हुए और हो रहे आलोचना-कर्म का बहुत सा हिस्सा यह साबित करने में लगा रहता है कि फ़लाँ लेखक 'हिन्दू-वादी' और 'मुस्लिम-विरोधी' है। भारतेन्दु से लेकर रामचन्द्र शुक्ल तक और अज्ञेय से लेकर निर्मल वर्मा तक इस गिलोटिन तले आते रहते हैं :

> जाने कब कौन किसे मार दे काफ़िर कहकर
> शह्र का शह्र मुसलमान हुआ फिरता है ॥
>
> —जलील हैदर लाशारी

ऐसा तो नहीं है कि पश्चिमी आलोचना में इस तरह की बातें उठती नहीं हैं—उदाहरण के लिए टी. एस. इलियट 'यहूदी-विरोधी' हैं यह कहा ही जाता है किन्तु एक बड़ा अन्तर यह है कि पश्चिम में यह सम्पूर्ण आलोचना-कर्म के हाशिये पर का एक छोटा हिस्सा है जिसको कोई सम्मान नहीं प्राप्त है जबकि हिन्दी की आलोचना में यही सम्पूर्ण आलोचना-कर्म माना जाता है। अस्तु, देवकीनन्दन खत्री भी 'हिन्दू-वादी' और 'मुस्लिम-विरोधी' माने गये हैं।[३६]

उर्दू दास्तानों ने जिस तरह 'मुसलमान-बनाम-कुफ़्फ़ार' की युद्ध-कथा के रूप में अपने को प्रस्तुत किया है उसकी झलक हम ऊपर देख चुके हैं। अपना उपन्यास लिखते समय ये दास्तानें खत्री जी के मन थी हीं और अगर दास्तानों की ऐयारी-तिलिस्मी का उन पर प्रभाव पड़ा है तो दास्तानों के इस 'मुसलमान-बनाम-कुफ़्फ़ार' का कुछ असर उन पर न पड़ा हो यह सम्भव ही नहीं है, न ही यह अस्वाभाविक है कि उन्होंने इस द्वन्द्व में 'कुफ़्फ़ार' की ओर से लिखना चाहा हो। किन्तु दास्तानों के बर-अक़्स

खत्री जी ने **चन्द्रकान्ता** और **चन्द्रकान्ता-सन्तति** को हिन्दू-मुसलमान की लड़ाई के तौर पर नहीं प्रस्तुत किया है यद्यपि ऐसी लड़ाई के मुखर संकेत **चन्द्रकान्ता** में जगह-जगह मिलते हैं।

पहले मैं उस बात से शुरू करता हूँ जिस पर आलोचकों का ध्यान नहीं गया है, अर्थात् यह कि शत्रु-पक्षी राजा शिवदत्त का झण्डा 'सब्ज़ (= हरा)' है और स्व-पक्षी बीरेन्द्र सिंह का झण्डा 'ज़र्द (= पीला)'; यह 'रंग-युद्ध' उनकी लड़ाई को 'हिन्दू-मुस्लिम' की रंगत देता है किन्तु बहुत सूक्ष्म रूप में—इस हद तक कि हिन्दी के खोजी समालोचक की नज़र और नाक से यह बात ओझल रही। खलनायक क्रूर सिंह की सहायता के लिए दगाबाज़ ऐयार अहमद और नाज़िम की यह शर्त कि 'आप काम पूरा होने पर इस्लाम क़ुबूल कर लें', जयसिंह की फ़ौज और प्रजा में सर्वत्र मुसलमानों से दग़ाबाज़ी का ख़तरा, ये सब ऐसी बातें हैं जिनका उल्लेख समालोचकों ने किया है। **चन्द्रकान्ता-सन्तति** पर उतना ध्यान नहीं दिया गया है किन्तु उसकी शुरुआत में हम पाते हैं कि शिवदत्त की मदद में कुछ ऐयार मुसलमान हैं और एक प्रसंग ऐसा है जिसमें आनन्दसिंह ने गौहर का प्रेमप्रस्ताव यह जानने के बाद ठुकरा दिया है कि वह मुसलमान है। एक अधिक सूक्ष्म संकेत एक जगह मिलता है जिसे शब्दशः उद्धृत करना ही ठीक होगा :

> नानक—आपकी दोस्ती के लिए मैंने बिरादरी के लोगों तक की परवाह न की।
>
> गज्जू—ठीक है और मैंने भी अपने भाई साहब के नाक-भौं चढ़ाने का कुछ ख़याल न किया और तुम्हें साथ लेकर अजमेर और मक्के चलने के लिए तैयार हो गया।

—**चन्द्रकान्ता-सन्तति**, बारहवाँ भाग चौथा बयान

इस उद्धरण का ठीक से अर्थ नहीं खुलता। प्रसंग नानक के एक दुश्चरित्र स्त्री से विवाह कर उसकी कमाई खाने का है और लगता है कि खत्री जी के मन में यह बात है कि वह स्त्री मुसलमान थी किन्तु यह सूत्र आगे नहीं बढ़ा और **चन्द्रकान्ता-सन्तति** के अनुत्तरित रह गये प्रश्नों में से है।

इन उद्धरणों और संकेतों से यह तो साफ़ ही है कि खत्री जी यह मानते थे कि 'हिन्दू संस्कृति' की 'पुनःप्रतिष्ठा' होनी चाहिए किन्तु यह भी सही है कि यह उनके उपन्यासों का केन्द्रीय कथ्य नहीं है। जब देवकीनन्दन

खत्री लिख रहे थे, हिन्दू को नये शासन में भी अपनी हैसियत के दोयम रह जाने का मलाल बहुत गहरा था। उसके लिए अँग्रेज़ों की ग़ुलामी पिछले हज़ार साल चली मुसलमानों की ग़ुलामी के नैरन्तर्य में ही क्रमागत होती थी। वह 'जगत-गुरु' से 'जगतदास' बन गया महसूस करता था और अपनी 'निर्बलता' को इसका कारण मानता था :

जगतदास कस होहिं न आरज। 'निबर की जुइया सबकै सरहज'

—प्रतापनारायण मिश्र कृत **लोकोक्तिशतक** से

खत्री जी को उस समय के और हिन्दू लेखकों की तरह ही हिन्दू जाति के उत्थान के लिए ही लिखना था। यह संकल्प इतने से ही प्रकट था कि वे उर्दू में नहीं, हिन्दी में लिख रहे थे। वे भी हिन्दुओं के पतन का कारण 'यवनों की अधीनता' ही मानते थे। उनके सामने यह विकल्प अवश्य था कि वे अपना उपन्यास 'ऐतिहासिक' बनाते और हिन्दू नायक तथा मुसलमान प्रतिनायक चुनते किन्तु यह उनकी विवेकी बुद्धि का परिचायक है कि उन्होंने यह सरल विकल्प नहीं चुना। और इसलिए जब उन्होंने अपने उपन्यास के लिए दो सर्वथा कल्पित 'मध्यकालीन' राजपूत राजाओं का द्वन्द्व पृष्ठभूमि के रूप में लिया तो उसमें कोई धार्मिक धार देने की सम्भावना भी समाप्त कर दी। यह एक बड़ी सोच का सबूत है अगर हम इसका ध्यान रखें कि उसी समय लिखी जा रही उर्दू दास्तानों का रुख़ हिन्दुओं के प्रति क्या था।

यह सच है कि शेर अली ख़ान को छोड़कर **चन्द्रकान्ता** और **चन्द्रकान्ता-सन्तति** में आये सभी मुसलमान पात्र बुरे ही दिखाये गये हैं किन्तु यह भी सच है कि बुरे लोगों की मण्डली में मुसलमान पात्रों की भूमिका नगण्य सहायकों की रही है और कुछ देर बाद तो वे कथा से ग़ायब ही हो गये हैं। सबसे बुरा आदमी, यदुनाथ शर्मा अर्थात् 'दारोगा', एक ब्राह्मण है, और बलात्कार की चेष्टा करने वाला एकमात्र पात्र अग्निदत्त क्षत्रिय है। बाक़ी अच्छे और बुरे सभी प्राय: क्षत्रिय हैं, हरदीन नामक अच्छा पात्र कहार है। अगर मुसलमान लड़की गौहर बदचलन है तो राजपूत लड़की मुन्दर और राजपूत लड़की नन्हों भी बदचलन हैं। वेश्या-पात्र सभी हिन्दू हैं—यहाँ तक कि 'बेगम' नाम की वेश्या के बारे में खत्री जी पादटिप्पणी देते हैं, ''बेगम नाम से मुसलमानिन न समझना चाहिए'' (और तब यही

बात उसके साथ की जमालो और नौरतन के बारे में भी सच है)। खत्री जी के राजाओं के धर्म पर मुसलमान से कोई ख़तरा नहीं दिखाया गया है, उनकी समस्या नमकहरामों को पहचान कर उनसे बचना और नमकहलालों को पहचान कर उनको अपने साथ जोड़ना है।

खत्री जी हिन्दू-मुसलमान की अदलाबदली के द्वारा उर्दू दास्तानों की पूरी नक़ल कर ही नहीं सकते थे क्योंकि देवों और दैत्यों की लड़ाई में भी सनातन भारतीय पौराणिक वर्णन-परिपाटी उनकी आराधना और उपासना के आधार पर कोई भेद नहीं करती—रावण उन्हीं वेदों का विद्वान् है जिन वेदों के विद्वान् राम के गुरु वसिष्ठ हैं। हिन्दू धर्म ने अपनी सनातन सार्वत्रिकता और सार्वजनीनता को कभी छोड़ा ही नहीं इसलिए उसमें वैसी चाभियाँ ही विकसित नहीं हो सकीं जो हर बन्द दरवाज़ा खोल सकें।

उदाहरण के लिए जब इजिप्ट के राजा की क़ैद में अमीर हमज़ा हैं तो वे 'अल्लाहु अकबर' कहकर अपनी हथकड़ी तोड़ सकते हैं किन्तु (**चन्द्रकान्ता** में) शिवदत्त की क़ैद में फँसे बीरेन्द्र सिंह ने जब यही काम किया है तो उनके लिए उनका 'जोश' ही बहुत है और मायारानी की क़ैद में पड़े इन्द्रजीत सिंह और आनन्द सिंह ने यही काम किया है तो खत्री जी सिर्फ़ इतना बता पाते हैं कि उन्होंने 'इष्टदेव का स्मरण किया' (**चन्द्रकान्ता-सन्तति**, आठवाँ भाग दूसरा बयान)। खत्री जी के पास अमीर हमज़ा के 'अल्लाहु अकबर' का कोई जवाब है ही नहीं, वे इन्द्रजीत सिंह से राम-नाम स्मरण करवावें तो हिन्दी समीक्षक खत्री जी को 'रामोपासक लेखक' बतायेगा, वे कृष्ण-नाम स्मरण करवावें तो हिन्दी समीक्षक उन्हें 'कृष्णोपासक लेखक' बतायेगा किन्तु वह इन्द्रजीत सिंह का 'धर्म' फिर भी नहीं बता पायेगा क्योंकि कौन जाने वे किसी शिवमन्दिर में जल भी चढ़ाते हों।

इसी प्रकार **चन्द्रकान्ता-सन्तति** में आनन्दसिंह यह जानने के बाद कि गौहर मुसलमान है, उसका प्रेमप्रस्ताव ठुकरा देते हैं किन्तु वे करते भी क्या? यह प्रसंग दास्तानों में आये उन अनगिनत प्रसंगों के आधार पर गढ़ा गया है जिनमें कुफ़्फ़ार की लड़की मुसलमान पर आशिक़ होती है और वह नौजवान पहले उसे इस्लाम क़ुबूल करवाता है फिर उसके हाथ से शराब क़ुबूल करता है जो कि उनके बीच इश्क़ के दोतरफ़ा हो जाने का सबूत होती है। यह विकल्प आनन्दसिंह के सामने मौजूद नहीं था, वे

गौहर से यह तो नहीं कह सकते थे कि 'तुम हिन्दू हो जाओ' क्योंकि 'धर्मपरिवर्तन' की कोई व्यवस्था ही हिन्दू धर्म में नहीं है। खत्री जी के मन में राजपूत नवयुवक का जो आदर्श था उन्होंने वही दिखाया है और प्रतिक्रियात्मक लेखन में भी उन्होंने अपनी क़लम पर पकड़ बनाये रखी है।

हिन्दू धर्म की पक्षधरता के नाम पर खत्री जी ने सिर्फ़ यह किया है कि अपने पात्रों को समय-समय पर संध्यापूजा करते हुए दिखाया है। यद्यपि क्षत्रियों के लिए मांस-भक्षण और मदिरापान हिन्दू समाज में बुरा नहीं समझा जाता, खत्री जी के आदर्श पात्र में कोई मदिरापान नहीं करता, और जहाँ उनके आदर्श पुरुष-पात्र शिकार करते और मांस खाते हैं, उनके आदर्श स्त्री-पात्र मांस भी नहीं खाते (किशोरी एक बार औषध के रूप में तब, और वह भी अनिच्छा से, खाती है जब वह मरने के कगार पर है जिसके बर-अक़्स मनोरमा नामक वेश्या 'प्राय: नित्य' ही मांस खाती है)। 'आदर्श हिन्दू' की ये सब 'अच्छी बातें' सहज भाव से दिखायी गयी हैं, 'मुसलमान' की प्रतिक्रिया में नहीं।

भारतीय साहित्य के अध्ययन में एक बहुत बड़ी बाधा यह है कि कोलम्बिया विश्वविद्यालय से लेकर दिल्ली विश्वविद्यालय तक 'हिन्दू' को 'मुस्लिम' का 'संस्कृताइज़ेशन' समझकर पढ़ा जाता है और इसके नाते भारत-विद्या पर ऐसा कुहासा छाया रहता है जिसके उस पार से विश्वविद्यालय को न भारत की भाषा समझ में आती है, न भारत का भाव समझ में आता है, और न भारत का भेस समझ में आता है।

बहरहाल, हम यहाँ खत्री जी के 'हिन्दू-वाद' की परीक्षा कर रहे हैं। इसकी प्रत्यक्ष उपस्थिति जितनी भी उनके उपन्यासों में है, उसकी पड़ताल हम ऊपर कर चुके हैं। आगे इसे अकेले खत्री जी से लिये गये फुटकर उद्धरणों के सहारे जाँचने की जगह तत्कालीन भारत के सामुदायिक मन और रचनात्मकता की नोकपलक के सहारे समझना अधिक लाभप्रद होगा। हम बहुत फैलाव में नहीं जायेंगे और तत्कालीन हिन्दी रचनात्मकता के एक अन्य चर्चित पक्ष 'उर्दू-बनाम-हिन्दी' पर ही ध्यान देंगे जो दरहक़ीक़त एक दूसरे मोर्चे पर 'मुसलमान-बनाम-कुफ़्फ़ार' ही था, भले ही ज़माने के साथ तर्कसंग्रह बदल गया हो।

‘अँग्रेज़ राज सुख–साज’ और ‘हिन्दी–उर्दू’

मुहम्मद इब्राहीम ‘ज़ौक़’ का एक शेर है :

ख़त् बढ़ा ज़ुल्फ़ें बढ़ीं, काकुल बढ़े, गेसू बढ़े
हुस्न की सरकार में जितने बढ़े हिन्दू बढ़े ॥

[ख़त् = किशोरावस्था में गालों पर आने वाली रेख; ज़ुल्फ़ = कनपटी से निकलती हुई लटें; काकुल = माथे पर आने वाली लटें; गेसू = सिर के लम्बे बाल जो पीठ पर बिखरते हैं। ये चारों चीज़ें इसलिए ‘हिन्दू’ कही गयी हैं कि ये काली होती हैं।]

जब ‘ज़ौक़’ १८५४ में मरे तब उन्होंने सोचा भी न होगा कि उनके शागिर्द भारत–सम्राट बहादुर शाह ‘ज़फ़र’ को तख़्त से उतारकर अँग्रेज़ हिन्दुस्तान के शासक हो जायेंगे। किन्तु सितम्बर १८५७ में ही ‘ज़फ़र’ गिरिफ़्तार हो गये और लाल क़िले में अँग्रेज़ आ बैठे जिसके नाते अगस्त १८५८ में ‘अँग्रेज़ राज’ की औपचारिक शुरुआत हुई। अब ‘ज़ौक़’ के शेर का साहित्यिक सन्दर्भ समाप्त हो चुका था और सैयद अहमद ख़ाँ “इस नयी सरकार में जितने बढ़े हिन्दू बढ़े” की शिकायती तख़्ती थामे अँग्रेज़ों के सामने खड़े थे। इसका कारण बहुत स्पष्ट था—‘महारानी विक्टोरिया का सुदृढ़ शासन’ स्थापित होने के बाद हिन्दू को उम्मीद थी कि अँग्रेज़ की प्रजा के रूप में वह मुसलमान की बराबरी पर आ जायेगा और मुसलमान को इसी बात का डर। यह डर बहुत निर्मूल भी नहीं था क्योंकि कुछ ही समय में नौकरियों को प्रतियोगितात्मक परीक्षा के आधार पर देने की बात उठ ही गयी। आशा और भय के इस ‘प्रजा–बीच संग्राम’ का ही एक मुहावरा राजभाषा अँग्रेज़ी के तहत ‘वर्नाक्युलर’ की हैसियत पाने के लिए हिन्दी–उर्दू के बीच का लठियाँव था।

ब्रिटिश शिक्षा विभाग में कार्यरत बाबू (बाद में 'राजा') शिवप्रसाद अकेले अपने दम पर 'वर्नाक्युलर' की उन्नीस पाठ्यपुस्तकें १८६८ तक तैयार कर चुके थे जिनमें ग्यारह हिन्दी की थीं, एक उर्दू-हिन्दी की थी, और सात उर्दू की थीं। इन्हीं में १८६४ में लिखी गयी वह प्रसिद्ध **इतिहासतिमिरनाशक** भी है जिसकी चर्चा हिन्दी समालोचना में कभी-कभार होती रहती है और जो अपनी फ़ारसी-बोझिल भाषा के नाते प्राय: भर्त्सना का पात्र बनती है। इसी **इतिहासतिमिरनाशक** में उन्होंने यह लिख रखा है कि "हिन्दू और मुसलमान में उतना ही फ़र्क़ है जितना ज़मीन और आसमान में।" ज़ाहिर है कि शीर्षक (जिसका अर्थ 'इतिहास का अँधेरा छाँटने वाला' है) का जोश कथ्य में भी उतर आया है। इस पुस्तक का अँग्रेज़ी अनुवाद भी History of Hindustan के नाम से हुआ; इस मामूली शीर्षक वाली पुस्तक पर अगर कोई विवाद हुआ तो मुझे उसकी सूचना नहीं है।

इतिहासतिमिरनाशक का उर्दू संस्करण **आईन+ए+तारीख़-नुमा** (= इतिहास के नियम का बताने वाला) के नाम से तैयार हुआ। शीर्षक में **आईन+ए+अकबरी** से प्रेरणा लेने के बावुजूद जिन तीन मुसलमान परीक्षकों को इसकी परीक्षा करने के लिए कहा गया उनका कहना था कि इसमें मुसलमान शासकों के कलुषित पक्ष को ही उभारा गया है और उनका 'उज्ज्वल पक्ष' सामने नहीं लाया गया है। राजा शिवप्रसाद के प्रतिद्वन्द्वी भारतेन्दु जी ने भी यही शिकायत की। सर सैयद अहमद ख़ाँ ने भी यही आपत्ति जतायी और कहा कि इसमें मुग़ल-सिख सम्बन्धों की कटुता को 'बढ़ा-चढ़ा' कर दिखाया गया है; किन्तु उनको जिस बात से सबसे अधिक बुरा लगा वह यह थी कि १८५७ की 'बग़ावत' के लिए शिवप्रसाद जी ने मुसलमानों को अधिक दोषी ठहराया था। इस प्रकार डेढ़ सौ बरस पहले भी वही बहस उन्हीं तर्कों के साथ चल रही थी जो आज एन.सी.ई.आर.टी. की पाठ्यपुस्तकों को लेकर चल रही है और परिणाम भी मिलता-जुलता रहा, अर्थात् पुस्तक को उर्दू के पाठ्यक्रम से हटा लिया गया और शायद हिन्दी में चलती रही।

बहरहाल, यहाँ जो सर्वाधिक प्रासंगिक है वह यह कि १८६८ में बाबू शिवप्रसाद सरकार के सामने अपना वह 'मेमोरेण्डम' रख चुके थे जिसमें यह कहा गया था कि कचहरी में नागरी लिपि को भी मान्यता मिलनी

चाहिए। इसका दूरगामी परिणाम यह हुआ कि न केवल १९०० में नागरी अक्षरों को कचहरी में मान्यता मिली अपितु यह आदेश भी पारित हुआ कि जिसे दोनों लिपियाँ न आती हों, उसे कचहरी में नौकरी न दी जाय अगर वह पूर्णतया अँग्रेज़ी कचहरी नहीं है। यह सीधे-सीधे उन लोगों के पेट पर लात मारना था जो सरकारी नौकरी में सिर्फ़ उर्दू लिखने-पढ़ने के बल पर एकाधिकार जमाये हुए थे। इसका तात्कालिक प्रभाव तो कुछ भी नहीं पड़ा और २०१२ में हिन्दी साहित्य सम्मेलन के कलकत्ता अधिवेशन में भी अध्यक्ष-पद से 'प्रेमघन' जी यही रोना रो रहे थे कि ''उर्दू बीवी सब जगह नज़र आती हैं'' किन्तु उर्दू-जीवी भद्रलोक वी.वी. आई.पी. से वी.आई.पी. रह गया और देर-सबेर कामन सिटीज़न ही रह जायेगा, यह भय वास्तविकता में बदलने की राह पर चल पड़ा था। इसलिए समता के इस 'ज़ुल्म' की शिकायत जो शुरू हुई तो आज तक थमी नहीं है।

यह ध्यान देने की बात है कि सैयद अहमद ख़ाँ मुसलमान को कचहरी में कमाई करने के लिए अँग्रेज़ी पढ़ाना चाहते थे, किन्तु उसी कचहरी में कमाई करने के लिए वह देवनागरी लिपि सीख ले इसमें उन्हें सख़्त एतराज़ था। 'हिन्दी' के प्रति यह तुच्छता-बोध केवल एक सांस्कृतिक हठ था, यह 'ग़ुलामों और गँवारों' की ज़ुबान थी जिनसे बराबरी की सोचना भी तौहीन थी। यह ऐंठ कुछ नयी न थी—उर्दू में 'ज़बान' और 'ख़ानदान' एक-दूसरे की पहचान मानने की परम्परा प्रारम्भ से ही थी :

हमेश० शेर कहना काम था वाला-नज़ादों का
सफ़ीहों ने दिया है दख़्ल जब से बस य० फ़न बिगड़ा

—मुसहफ़ी

[वाला-नज़ाद = उच्चवंशीय; सफ़ीह = निम्न-वंशीय]

सर सैयद तक तो यही रुख़ था लेकिन यह लड़ाई लम्बी चली। इसमें कामयाब होने की कोशिश में उर्दू को अपना छापा-तिलक बदलना पड़ा, और उसका दावा 'शुरफ़ा की ज़बान' होने के साथ-साथ 'हिन्दुस्तान के आम आदमी की ज़बान' होने का भी हो गया। इस तरह उर्दू ने अपनी कई पहचानें सामने रखीं। वह जब 'मुसलमान की ज़बान' की तौर पर अपने को पेश करती थी तो इसका मतलब सिर्फ़ अँग्रेज़ राज

की प्रजा में धार्मिक आधार पर परिभाषित एक जनसमूह की बात करना नहीं होता था, इसका यह भी मतलब होता था कि मुसलमान नस्ली तौर पर हिन्दू से ऊँचा है, उसने हज़ार बरस हिन्दुओं पर राज किया है और हिन्दुओं को बोलने-चालने, उठने-बैठने, खाने-पीने का सलीक़ा सिखाया है। यह दावा आज भी 'उर्दू पर ज़ुल्म' की चर्चा में उतराता रहता है जब उर्दू की वर्तमान प्रशासकीय गौणता को 'एहसान-फ़रामोशी' की तरह पेश किया जाता है।

जहाँ तक हिन्दी के लेखकों का प्रश्न है, उनके सामने अपनी भाषा और अपनी लिपि की एक परिपाटी चली आ रही थी जो कथा-वार्ता-प्रवचन आदि में इस्तेमाल होती थी। इसमें किताबें भी लिखी जाती थीं किन्तु इसमें स्थानीयता का बहिष्कार न था। यही 'भाखा' थी जिससे उर्दू की जानी दुश्मनी थी। इसके नमूने रामप्रसाद निरंजनी के **योगवासिष्ठ** और निश्चल दास के **विचारसागर** जैसे ग्रन्थों में मिलते हैं। किन्तु जिन्हें हम हिन्दी के प्रारम्भिक लेखक में गिनते हैं उनमें से अधिकतर के सामने उर्दू का एक रोज़मर्रा था जिसकी झलक उनके लेखन में मौजूद है और इसके कारण उर्दू की बैठक में शामिल लोगों ने यह कहना शुरू किया कि 'संस्कृतनिष्ठ' हिन्दी उर्दू से बना ली गयी है।

खत्री जी अपनी भाषा को सहज व्यवहार से इधर-उधर नहीं ले गये। किन्तु **चन्द्रकान्ता** की भूमिका में ही 'राजनीति', 'शस्त्र' और 'ग्रन्थ' जैसे शब्द आ गये हैं इसलिए यह निश्चित है कि वे लिख तो 'हिन्दी' ही रहे थे और यह आग्रह केवल नागरी लिपि तक सीमित नहीं था, हिन्दी की संस्कृत-निष्ठता भी उन्हें वांछित थी। जैसा कि वे स्वयं भी कहते ही हैं :

> जिस प्रकार फ़ारसी वर्णमाला उर्दू का शरीर और अरबी-फ़ारसी के उपयुक्त शब्द उसके जीवन हैं ठीक उसी प्रकार नागरी वर्णमाला हिन्दी का शरीर और संस्कृत के उपयुक्त शब्द उसके प्राण कहे जा सकते हैं। यदि यह देश यवनों के अधिकार में न हुआ होता और यदि कायस्थादि हिन्दू जातियों में उर्दू भाषा का प्रेम अस्थिमज्जागत न हो गया होता तो हिन्दी का शरीर और जीवन पृथक् (न) दिखलायी देता (और) उसी प्रकार हमारे ग्रन्थों की सजीव उत्पत्ति होती जिस प्रकार द्विज बालकों की होती है।... इसलिए शरीर बनाकर फिर उसमें आत्मदेव की स्थापना करना ही न्याययुक्त और लाभप्रद है। **चन्द्रकान्ता** और **सन्तति** में यद्यपि इस बात का पता नहीं लगेगा कि कब और कहाँ भाषा का परिवर्तन हो

गया परन्तु उसके आरम्भ और अन्त में आप ठीक वैसा ही (अन्तर) पायेंगे जैसा बालक और वृद्ध में। (यदि हम) एकदम से बहुत से (तत्सम) शब्दों का प्रचार करते तो कभी सम्भव न था कि उतने संस्कृत शब्द हम उन कुपढ़ ग्रामीणों को याद करा देते जिनके निकट काला अक्षर भैंस बराबर था।

—**चन्द्रकान्ता-सन्तति**, चौबीसवाँ भाग आठवाँ बयान

[उद्धरण में मेरी समझ में कुछ छपाई की कमियाँ थीं जिन्हें मैंने कोष्ठ के भीतर शब्द जोड़कर ठीक कर दिया है।]

ग़ौरतलब है कि खत्री जी की मान्यताएँ अपने उन समकालीन आचार्यों से भिन्न नहीं हैं जो उनकी आलोचना करते थे। खत्री जी ने अपने भाषा प्रयोग को उन्हीं लक्ष्यों की प्राप्ति के लिए एक वैकल्पिक रणनीति की तरह प्रस्तुत किया है जो उन लोगों के लक्ष्य थे जो संस्कृत-निष्ठ हिन्दी का प्रचार चाहते थे। इस प्रकार जिस 'शिवप्रसादी हिन्दी' की तरफ़दारी करते खत्री जी जान पड़ते हैं, वह भी अन्ततः उस 'हरिश्चन्द्री हिन्दी' में ही रूपान्तरित होने की आकांक्षा रखती थी जिसमें यह उद्धरण लिखा गया है और जिसके विरोध में खत्री जी को आज के समालोचक खड़ा करते हैं। वस्तुतः राजा शिवप्रसाद जी का भी यही पक्ष है और उन्होंने अपनी 'उर्दूमय' हिन्दी को चाहे विद्यालय के लिए प्रस्तुत किया हो, जनसाधारण के लिए 'संस्कृतनिष्ठ' हिन्दी भी लिखी है।

यह सच है कि **चन्द्रकान्ता** के प्रकाशन के इर्दगिर्द ही १८९१ ईसवी में जैनेन्द्रकिशोर का **कमलिनी** नामक उपन्यास प्रकाशित हुआ जिसमें 'नाक बह रही है' का अर्थ जताने के लिए 'नासिका-रन्ध्र स्फीत हो रहा है' का प्रयोग है।[३७] जो हास्यास्पद लगता है (यद्यपि फ़ारसी के बोझ तले हाँफती उस उर्दू से अधिक हास्यास्पद नहीं जिस पर उर्दूप्रेमी निछावर हैं) किन्तु यह भी सच है कि खत्री जी के अनुसार जिन लोगों के लिए **चन्द्रकान्ता** लिखी गयी थी वे 'कुपढ़ ग्रामीण' थे जो इन पुस्तकों को पढ़कर धीरे-धीरे संस्कृत के शब्द याद कर रहे थे। सचाई यही है कि तथाकथित 'उर्दू-भाषी भद्रलोक' में जो भी गिने-चुने हिन्दू थे, वे छिटककर अलग हो रहे थे और हिन्दी की तरफ़ मुड़ रहे थे।

मुंशी नवलकिशोर इस वर्ग के प्रतिनिधि हैं। उन्होंने मकतब में तो अरबी-फ़ारसी ही सीखी किन्तु घर पर उन्हें धार्मिक कारणों से हिन्दी और

संस्कृत सिखायी गयी थीं। उन्होंने **कथासरित्सागर** का जो अनुवाद हिन्दी में करवाया वह 'निज मातृ-भाषा के उत्थान हेतु' करवाया और वे सभी पुराणों का संस्कृत से 'आर्य-भाषा' हिन्दी में अनुवाद भी करवा ही रहे थे। स्वाभाविक है कि जब **हमज़ा** का हिन्दी संस्करण उन्होंने निकाला तो उसके मुखपृष्ठ पर ही ''आल्हा-ऊदल की सी शूरता'' का उल्लेख था और भीतर भी फ़ारसी बहुल उर्दू का स्थान संस्कृत-बहुल हिन्दी ने ले लिया था। इसी वर्ग से राजा शिवप्रसाद और भारतेन्दु हरिश्चन्द्र भी आते थे और उनकी तरह ही देवकीनन्दन खत्री भी इसी वर्ग से आते थे।

संस्कृतनिष्ठता का आग्रह तथा हिन्दी की आर्य-भाषा और मातृ-भाषा के रूप में पहचान एक आत्म-चेतना का दमन की सतह तोड़कर ऊपर आना ज़रूर था किन्तु वह किसी भी रूप में नवीन या कृत्रिम नहीं था।

चन्द्रकान्ता (सन्तति) का 'ऐतिहासिक' परिवेश

खत्री जी ने **चन्द्रकान्ता-सन्तति** के अन्त में साफ़ ही कहा है कि **चन्द्रकान्ता** और **चन्द्रकान्ता-सन्तति** ऐतिहासिक उपन्यास नहीं हैं। यह बात बिलकुल सही है किन्तु इसी के साथ यह भी सही है कि उन्होंने (**चन्द्रकान्ता-सन्तति** पाँचवाँ भाग बारहवाँ बयान में) एक लेखकीय टिप्पणी दी है जो पाठक को यह बताती है कि जब रोहतासगढ़ की गद्दी पर बीरेन्द्र सिंह ने बतौर सूबेदार पण्डित जगन्नाथ ज्योतिषी को बिठाया ''उसी दिन से मुद्दत तक रोहतासगढ़ ब्राह्मणों की हुकूमत में रहा और यह हुकूमत हुमायूँ के ज़माने में ९४४ हिजरी तक क़ायम रही। इसके बाद ९४५ में दग़ाबाज़ शेर ख़ाँ ने (यह दूसरा शेर ख़ाँ था) रोहतासगढ़ के राजा चिन्तामन ब्राह्मण को धोखा देकर क़िले पर क़ब्ज़ा कर लिया।'' इस टिप्पणी का इतना अर्थ तो है ही कि इस उपन्यास का कालखण्ड 'मुग़लों से बहुत पहले' का कालखण्ड है।

इसके अतिरिक्त खत्री जी ने एक 'अन्त:साक्ष्य' भी अपने उपन्यास की 'ऐतिहासिकता' के बारे में दिया है—**चन्द्रकान्ता-सन्तति** (दसवाँ भाग नौवाँ बयान) में भैरोसिंह ऐयार की चिट्ठी इन्द्रदेव के नाम है जिसमें चिट्ठी की तारीख़ 'मिति १३ प्रथम ऋतु संवत् ४१३ कु०' दी है (यह एक संस्करण में मैंने 'संवत् ४१२' भी छपा देखा है किन्तु इससे कोई अन्तर नहीं पड़ता)। यह तारीख़ स्पष्ट ही कृत्रिम है। किन्तु हम यह मान सकते हैं कि चूँकि खत्री जी की रुचि उस समय छपने वाले विविध जानकारी भरे लेखों में थी और चूँकि उनकी दिलचस्पी पाठकों के लिए कूट-संकेत छोड़ने में भी थी ही, इसलिए इसमें कोई इशारा हो सकता है तथा

इस दृष्टि से इस पर सोचते हैं।

इसमें बड़ी मुश्किल 'संवत् ४१३' को लेकर है। यह विक्रम संवत् नहीं हो सकता क्योंकि तब तक इस्लाम भारत में क्या दुनिया में ही नहीं आया था। मेरे ख़याल से यह खत्री जी का दूसरा सुपरिचित संवत्, अर्थात् हिजरी संवत् है। यह हिजरी वर्ष उत्बी का मृत्युवर्ष है जिसने महमूद ग़ज़नवी का सर्वप्रसिद्ध इतिहास **तारीख़+ए+यमीनी** लिखा है। तत्कालीन लेखों में इस इतिहास का और इसके लेखक के इस मृत्युवर्ष का उल्लेख बिलकुल सम्भव है और मेरे ख़याल में यह 'अन्त:साक्ष्य' यही बताता है कि खत्री जी के मन में उपन्यास लिखते समय महमूद ग़ज़नवी रहा होगा। हम देख चुके हैं कि 'दास्तान' का आगमन महमूद ग़ज़नवी के साथ होने की प्रसिद्धि थी और यह बात भी इसी सम्भावना को पुष्ट करती है कि जो उपन्यासकार 'दास्तान' के प्रभाव में लिख रहा है उसके मन में महमूद ग़ज़नवी का समय पृष्ठभूमि में हो। बाक़ी चीज़ें बिठाना आसान है और उनका विशेष सांकेतिक महत्त्व भी नहीं लगता। यद्यपि 'प्रथम ऋतु' किसी तिथिपत्र में लिखने की प्रसिद्धि नहीं है फिर भी 'कु०' को 'कुआर' या 'क्वार' अर्थात् 'आश्विन' का महीना पढ़ सकते हैं और यह सच है कि अश्विनी प्रथम नक्षत्र है और आश्विन वह महीना है जिसमें चन्द्रमा अश्विनी नक्षत्र में पूर्ण होता है। इस तर्क पर पंचांग को आश्विन से शुरू कर सकते हैं (जैसा कि कुछ प्राचीन भारत के पंचांगों में होता भी था) और 'प्रथम ऋतु' की संगति इससे बैठायी जा सकती है।

इन आधारों पर हम यह मान सकते हैं कि खत्री जी के मन में उपन्यास का समय वह है जब भारत पर महमूद ग़ज़नवी के आक्रमण हो रहे थे। इसमें पहली नज़र में एक बड़ी बाधा यह है कि दलीप शाह ने अपना हाल बताते समय यह कहा है कि उनके पिता धौलपुर रियासत में ऐयार थे जो १८०६ में क़ायम हुई किन्तु जब हम इस पर ध्यान देते हैं कि धौलपुर के शासक-वंश का अपना इतिहास ७०० ईसवी से प्रारम्भ है तब यह आपत्ति भी निरस्त हो जाती है। यह मानना पड़ेगा कि खत्री जी ने कोई ऐसा शोध-सूत्र नहीं छोड़ा है कि 'उपन्यास के समय की तस्वीर' सामने आ जाय। उदाहरण के लिए उपन्यास में आये हथियारों को लीजिए तो 'तमंचा, तोप, बन्दूक़' निश्चय ही महमूद ग़ज़नवी के समय में न थे

और 'तीर, तलवार, ख़ंजर, नीमचा, तेग़ा, नेज़ा' आदि सारे हथियार खत्री जी के समय तक 'सिपाहियाना ठाठ' में बचे न रह गये थे। हाँ, एक बार यह मान लेने पर कि इस उपन्यास को लिखते समय लेखक के मन में महमूद ग़ज़नवी का समय है, हमें इस पर ध्यान देना चाहिए कि ग़ज़नवी और ग़ोरी के सामने भारतीय राजाओं की पराजय का कारण विश्लेषकों द्वारा 'आपसी फूट' बताया जाता है और इस विश्लेषण को सामने रखते हुए यह समझने का प्रयास करना चाहिए कि इस उपन्यास में वर्णित राजनीतिक–सामाजिक–ऐतिहासिक स्थिति क्या है।

हम देखते हैं कि नौगढ़, विजयगढ़, चुनार, जमानिया, काशी, गया, सब उपन्यास के भीतर क्षेत्रफल में बहुत छोटे–छोटे रजवाड़े हैं जो खत्री जी के समय की स्थिति थी किन्तु राजनीतिक दृष्टि से जहाँ ये 'रजवाड़े' खत्री जी के समय में सिर्फ़ अँग्रेज़ों को मालगुज़ारी चुकाने वाले ज़मींदार थे वहीं उपन्यास में ये पूर्णतया स्वतन्त्र हैं—यहाँ तक कि किशोरी के नाना रणधीर सिंह और शेर अली ख़ाँ जैसे राजा न कहलाने वाले ज़मींदार भी अपनी ज़मींदारियों में लगभग ख़ुदमुख़्तार हैं। इन्द्रदेव न राजा हैं, न ज़मींदार, केवल एक दबंग रईस हैं मगर यह हैसियत रखते हैं कि नागर वेश्या को उसके घर से पकड़वा मँगायें और उसके नाक–कान कटवा डालें। मुसलमान नवाबों का उपन्यास में सर्वथा अभाव है, एक बेहद मामूली भूमिका शेर अली ख़ाँ की ज़रूर है।

बहुत सारी जगहें किसी के राज्याधिकार में नहीं लगतीं। चुनार का राजा शिवदत्त अपना क़िला खो बैठने के बावुजूद कुछ दिनों में ही एक पुराना उजाड़ पहाड़ी क़िला फिर आबाद करके जंगल–पहाड़ में रहने वाले कुछ लोगों का राजा बन बैठता है। गिरोह–बन्द बर्दाफ़रोश (दास–व्यापारी) घूम रहे हैं और उनका डेरा भी ऐसे जंगल में पड़ता है जहाँ उनकी लड़ाई महाराज शिवदत की फ़ौज से बराबरी के स्तर पर हो रही है। यह भी बहुत स्पष्ट नहीं है कि बर्दाफ़रोशी राज्यशक्तियों द्वारा किस सीमा तक अपराध माना जाता था क्योंकि बीरेन्द्र सिंह के ऐयार केवल स्वपक्षीया चम्पा को छुड़ाने के फेर में हैं और शिवदत्त के ऐयार केवल स्वपक्षीया महारानी को, कोई बर्दाफ़रोशों को राज्यापराधी मानकर उनका उच्छेद करने की बात नहीं करता। असम्भव नहीं कि तमाम लौंडियों की फ़ौज जो हर राजा–ज़मींदार के यहाँ दीखती है, ऐसे बर्दाफ़रोशों से ही ख़रीदी जाती हो।

न अँग्रेज़ हैं न मुग़ल, न गुप्त हैं न मौर्य। कोई केन्द्रीय सत्ता नहीं है और ये सभी राजा अपने कुछ कोसों में सिमटे राज्यों तथा कुछ हज़ारों में सिमटी फ़ौजों के साथ परम निरंकुश हैं—वे न केवल अपनी प्रजा को मृत्युदण्ड तथा देसनिकाला देने का अनिर्बाध अधिकार रखते हैं अपितु आपस में भी अनिर्बाध रूप से लड़ाई छेड़ सकते हैं और उसमें जीतने पर विजेता विजित का राज्य अपने अधिकार में ले सकता है। विजयगढ़ की राजकुमारी चन्द्रकान्ता के सौन्दर्य का हाल सुनकर चुनार का राजा शिवदत्त यह ख़त भेज सकता है कि चन्द्रकान्ता की शादी मुझसे करो और उसकी सखी चपला को दहेज में दे दो, इसका स्वीकार न करना लड़ाई के लिए पर्याप्त आधार है, और जब चन्द्रकान्ता का अपहरण हो जाता है तो शिवदत्त पर केवल इतना आक्षेप है कि "जवाँमर्दी से लड़कर चन्द्रकान्ता न ली गयी।" जब राजा शिवदत्त की बेटी किशोरी का अपहरण माधवी करती है तो किशोरी के नाना रणधीर सिंह का पहला ख़याल यह होता है कि यह काम बीरेन्द्र सिंह का है जो शिवदत्त के दुश्मन हैं। रोहतासगढ़ का राजा दिग्विजय सिंह भी किशोरी का अपहरण अपनी पतोहू बनाने के लिए करता है जो उसके और बीरेन्द्र सिंह के बीच लड़ाई का सबब है क्योंकि बीरेन्द्र सिंह किशोरी को अपनी पुत्रवधू बनाना चाहते हैं इसलिए कि "दुश्मन की लड़की घर में आ जाने से उनकी जीत समझी जायेगी (**चन्द्रकान्ता-सन्तति**, दूसरा भाग, दूसरा बयान)। ये ठेठ ठकुरई ठसक के सरोकार हैं जो आल्हा-ऊदल जैसे लोक-काव्यों से लेकर **पृथ्वीराज रासो** और **पदमावत** जैसे महा-काव्यों में हमें दीखते हैं।

यह 'राजपूती' माहौल खत्री जी के पात्र में लगातार वर्तमान है और उनके स्वपक्षीय पात्र तो ख़ैर शौर्य, उदारता आदि गुणों से युक्त हैं ही, पर-पक्षीय पात्र भी बहुत गये-गुज़रे नहीं हैं। शायद ही कोई पात्र मिले जो लड़ने से डरता हो। शिवदत्त को बराबर क्षत्रिय कहा गया है और अग्निदत्त, जैपाल जैसे नितान्त घटिया पात्र भी तलवार चलाने में कमज़ोर नहीं हैं।

इसका यह अर्थ नहीं है कि आज के मानदण्डों के अनुसार कोई दोष ही उनमें नहीं निकलेगा। उदाहरण के लिए जमानिया के राजा गिरिधर सिंह की रानी को सन्देह है कि राजा भुवनमोहिनी पर आसक्त हैं और इस नाते वे उसकी हत्या करने को भूतनाथ से कहती हैं; एक स्वपक्षीय पात्र में यह दोष दिखाकर खत्री जी ने उपन्यास की विश्वसनीयता कुछ बढ़ायी

ही है। इसी प्रकार हमारे लिए 'स्वामिभक्ति' की वह माँग कुछ दारुण हो सकती है जिसमें किशोरी कामिनी और कमला की जान को ख़तरा होने के नाते कुछ सेविकाओं को उनका रूप बनाकर रखा जाता है और वे अपनी जान गँवा भी बैठती हैं किन्तु सामन्ती मानदण्डों के अनुसार यह शायद मामूली बात रही होगी।

यह मेरे ख़याल से स्वीकार किया जाना चाहिए कि दास्तानों के मुक़ाबिले खत्री जी ने अपने पात्रों के—चाहे वे किसी भी पक्ष के क्यों न हों-आचरण को सामान्य प्रलोभनों से मुक्त दिखाया है। यह विशेषता खत्री जी के स्त्री-पात्रों के व्यवहार में और उनके प्रति पुरुष पात्रों के व्यवहार में विशेष रूप से झलकती है। पूरे उपन्यास में कोई बलात्कार नहीं है और अगर कहीं दबी ढँकी यौनिक छेड़छाड़ है भी तो वह ''प्रचलित रीति के भीतर''[३८] है। वर्णित सामाजिक व्यवहार में से प्रायः सभी चीज़ें खत्री जी के अपने समय में मौजूद थीं, वर्णित 'राजपूती आदर्श' उनका काम्य कहा जा सकता है और देखने की बात यह है कि क्या वे अपने उपन्यास के ज़रिये से पाठकों को कुछ हितोपदेश भी करना चाहते हैं।

खत्री जी ने **चन्द्रकान्ता-सन्तति** समाप्त करते-करते जो लेखकीय वक्तव्य दिया है उसमें उन्होंने लिखा है कि ''पात्रों की चाल-चलन दिखाने में जहाँ तक हो सका ध्यान रखा गया है।'' इस बात पर काफ़ी चर्चा हो चुकी कि उन्होंने कैसे ध्यान रखा। 'दास्तान' के काव्यशास्त्र की शब्दावली इस्तेमाल करें तो उन्होंने कोई 'बज़्म' नहीं दिखायी, उनका 'रज़्म' भी वस्तुतः 'धर्म-युद्ध' है, उनका 'तिलिस्म' अलौकिकता से लगभग मुक्त है, और 'ऐयारी' को भी उन्होंने 'राजपूती' के भीतर ही खपाने की कोशिश की है। चूँकि यह 'ध्यान रखा गया है' वाली सफ़ाई इस सुझाव के सन्दर्भ में है कि उन्हें 'देशहित' साधने वाला कोई ग्रन्थ लिखना चाहिए था, इसलिए हमें यह पूछना चाहिए कि वे क्या साधना चाहते थे।

उस समय 'देशहित' के कई विचाराधीन विषय थे और वे प्रायः वे ही थे जो हर समय होते हैं—राजा कैसा हो, धर्म कैसे बचे, समाज में स्त्री की क्या भूमिका हो, बच्चों का पालन कैसे हो, इन सब पर लेखकों को अपने विचार बताने होते थे। खत्री जी ने अपने लेखकीय में जो कुछ दावा किया है उसका निर्वाह उनके उपन्यास में भी देखने को मिलता है। उदाहरण के लिए बालकों की शिक्षा के बारे में उनका कहना है :

> माधवी के माँ–बाप दोनों ही शौकीन थे। माधवी को अच्छी शिक्षा देने का उन लोगों को ज़रा भी ध्यान न था। वह दिन–रात लाड़–प्यार में ही पला करती थी और एक ख़ूबसूरत और चंचल दाई की गोद में रहकर अच्छी बातें सीखने के बदले हाव–भाव ही सीखने में ख़ुश रहती थी, इसी सबब से इसका मिज़ाज लड़कपन से ही ख़राब हो रहा था। बच्चों की तालीम पर अगर उनके माँ–बाप ध्यान न दे सकें तो मुनासिब है कि उन्हें किसी ज़्यादे उम्र वाली और नेकचलन दाई की गोद में दे दें मगर माधवी के माँ–बाप को इसका कुछ भी ख़याल न था और आख़िर इसका नतीज़ा बहुत ही बुरा हुआ।
>
> —**चन्द्रकान्ता-सन्तति**, पहला भाग, पन्द्रहवाँ बयान

यहाँ यह ध्यान देना चाहिए कि जो दो लड़कियाँ 'कुँवारेपन में बिगड़ी' हैं, अर्थात् माधवी और गौहर, उन दोनों की ही माँ बचपन में मर गयी थी और बाप 'सही तालीम' नहीं दे पाये। गौहर के पिता शेर अली ख़ान ने उसे 'घूमने–फिरने की आज़ादी' दे दी थी, अर्थात् मुस्लिम परिवारों की परम्परा के विपरीत परदे के बाहर रहने की आज्ञा दे दी थी और खत्री जी का भाव यह है कि इसी से उसका 'चाल–चलन बिगड़ा'।

खत्री जी ने यत्र–तत्र यह भी दिखाया है कि 'बुरे का परिवार बुरा' का सिद्धान्त ग़लत है। स्त्रियों के लिए उनका परम आदर्श पातिव्रत्य का है जिसके होने पर सारी नेकियाँ शायद अपने–आप आ जाती हैं। शिवदत्त बुरा है किन्तु उसकी रानी कलावती पतिव्रताओं में शिरोमणि है, चन्द्रकान्ता के दु:ख में साझा करती है और उसकी बेटी किशोरी इतनी नेक है कि उससे इन्द्रजीत सिंह का प्रेम तथा विवाह होते हैं। अग्निदत्त बुरा है किन्तु उसकी स्त्री बहुत नेक है (फिर भी दुष्ट अग्निदत्त उसको मारता–पीटता है), किशोरी के दु:ख में साझा करती है और उसकी बेटी कामिनी इतनी नेक है कि उससे आनन्द सिंह का प्रेम तथा विवाह होते हैं। भूतनाथ की पत्नी शान्ता भी पातिव्रत्य के बल पर ही भूतनाथ को कुमार्ग से उसकी वापसी पर पाती है और जिस तरह कालिदास के दुष्यन्त शकुन्तला के पैर पर गिरकर क्षमा माँगते हैं उसी तरह खत्री जी का भूतनाथ भी अपनी पत्नी के पैर पर गिरकर क्षमा माँगता है।

कथाकृतियों में प्राय: नायक–नायिका और उनके बीच प्रेम की रूपरेखा के आधार पर ही सारा ताना–बाना बुना जाता है और खत्री जी का उपन्यास भी अपवाद नहीं है। इस प्रेम में तड़पने–मिलने–बिछुड़ने–टकटकी बँधने–

होश खोने आदि की सारी काव्यात्मक मध्यकालीन रूढ़ियाँ प्रेमपत्र में कविता-पंक्तियाँ समेत मौजूद हैं। फिर भी **चन्द्रकान्ता** में यह प्रेम अपने प्रारम्भ के लिए औसत आधुनिक कहानी की तर्क-संगति अपनाता है, अर्थात् वीरेन्द्र सिंह चूँकि बचपन से चन्द्रकान्ता के यहाँ आता-जाता था इसलिए दोनों में प्रेम हो गया। किन्तु इसके आगे **चन्द्रकान्ता-सन्तति** में इस तर्क-संगति का परित्याग कर दिया गया है और किशोरी को इन्द्रजीत सिंह इसलिए दिल दे बैठते हैं कि एक अँगूठी के नगीने पर उसकी तस्वीर उनकी नज़र में पड़ती है। कुछ ऐसा ही हाल आनन्द सिंह का है जो पहली नज़र में ही कामिनी (और फिर लाडिली) को दिल दे बैठते हैं (वैसे वे कुछ सस्ते क़िस्म के दिलफेंक भी दिखाये गये हैं और गौहर तथा इन्दिरा पर भी उनकी पहली नज़र आशिक़ाना ही है)।

दुर्भाग्यवश 'चित्र देखकर प्रेम' की इस प्राचीन कथा-युक्ति पर खत्री जी ने एक बढ़त लेने की कोशिश की है और इस फेर में उनसे रसभंग हो गया है। स्पष्टत: यों कि भैरो सिंह ऐयार इन्द्रजीत सिंह की सूरत बन कर शिवदत्तगढ़ जाते हैं जहाँ उन पर किशोरी की नज़र पड़ती है और वह इन्द्रजीत सिंह (की सूरत) पर मुग्ध हो जाती है। खत्री जी को इसका ध्यान नहीं रहा कि चित्र देखकर मुग्ध होने की कथा-युक्ति 'चित्र में अंकित सूरत' पर मुग्धता जताने की युक्ति कभी नहीं होती थी, हमेशा उस व्यक्ति पर मुग्धता जताने की युक्ति होती थी जिसकी सूरत उस चित्र में होती थी जबकि इन्द्रजीत सिंह की सूरत बने भैरो सिंह पर यही युक्ति आज़माने से इन्द्रजीत सिंह की सूरत के पीछे छिपे भैरो सिंह पर ही किशोरी के आशिक़ होने का इशारा बनता है, वह इश्क़ ही क्या जो माशूक़ का भेस बनाये ग़ैर को न पहचान सके। इसी का दुहराव खत्री जी ने तब किया है जब वे हमें यह बताते हैं कि माधवी ने किशोरी का ही भेस धरकर इन्द्रजीत सिंह के साथ ऐसे ढंग से कुछ समय गुज़ारा जो खत्री जी के हिसाब से ही अनुचित था। ऐयारी पर इस निर्भरता ने खत्री जी का ध्यान इस बात से हटा दिया कि चित्र देखकर मोहित होने से प्रेम की एकनिष्ठता में कमी नहीं आती जबकि किसी व्यक्ति की सूरत बनाये हुए पर भ्रमवश आसक्त होने से एकनिष्ठता में एक परायी गन्ध बस जाती है और इससे अनौचित्य का दोष घटना-संयोजन में आ जाता है। उनको चाहिए था कि किशोरी की आसक्ति का कारण वास्तविक

इन्द्रजीत सिंह पर उसकी नज़र पड़ना ही बनाते। वे आसानी से ऐसा कर सकते थे अगर वे इन्द्रजीत सिंह की सूरत बने हुए भैरो सिंह की जगह वास्तविक इन्द्रजीत सिंह को शिवदत्त के हाथों गिरफ़्तार करवाते। इस एक चूक को छोड़कर खत्री जी का 'प्रेम-वर्णन' मध्यकालीन कसौटियों पर खरा उतरता है और चन्द्रकान्ता तथा किशोरी संयोग एवं वियोग की स्थितियों में आदर्श रीतिकालीन नायिकाओं की तरह व्यवहार करती हैं।

किन्तु खत्री जी ने एक अपनी अलग कसौटी भी तैयार की जिसके अनुसार आदर्श नायिकाएँ प्रेम में बेहोश होने और आँसू बहाने वाली चन्द्रकान्ता तथा किशोरी नहीं जिनका पिया मिलन के समय बोल नहीं फूटता, अपितु मैदान में उतरकर अपने प्रेमियाँ की मदद करने वाली बनकन्या तथा कमलिनी हैं। इस बात को बहुत खुल कर खत्री जी इस युक्ति से सामने ले आये हैं कि उन्होंने इन्द्रजीत सिंह से कमलिनी की शादी पहले करवायी जिससे पटरानी वह बनी जबकि यह हक़ किशोरी का था क्योंकि न केवल वह इन्द्रजीत सिंह के प्रति प्रेम में कमलिनी से वरिष्ठ है अपितु वह 'एक राजा की लड़की' है। बनकन्या और कमलिनी की संकल्पना में खत्री जी ने **हमज़ा** की एक पात्र 'नारंज परी' से भी शायद कुछ प्रेरणा ली हो। 'नारंज परी' का परिचय उस दास्तान में लम्बे समय तक केवल 'नक़ाबदार' के रूप में है जिसमें वह अमीर हमज़ा की अनेक कठिन समयों पर अपने कौशल से सहायता करती है। **चन्द्रकान्ता** में बनकन्या और **चन्द्रकान्ता-सन्तति** में कमलिनी भी 'नक़ाबदार' के रूप में ही पहले-पहल दिखायी पड़ती हैं।

चन्द्रकान्ता में बनकन्या और **चन्द्रकान्ता-सन्तति** में कमलिनी की सर्जना खत्री जी की सोच के एक और पक्ष को सामने लाती है। हिन्दी के अधिकतर उपन्यासों में नायक की कम-अज़-कम दो माशूक़ाएँ दिखाने का रिवाज़ है (और आत्मकथाओं में तो यह लगभग अनिवार्य-सा है) 'लोककाव्य' और 'दास्तान' का भी हक़ 'दो पत्नियों' से ही अदा हो सकता था। चन्द्रकान्ता में बनकन्या को 'नक़ाबदार चन्द्रकान्ता' ही रचकर खत्री जी ने बेहद ख़ूबसूरती से अपना दाम्पत्य-आदर्श प्रस्तुत किया है— ''रिन्द के रिन्द रहे हाथ से जन्नत न गयी।'' यही युक्ति **चन्द्रकान्ता-सन्तति** में जस-की-तस दुहराने से कुछ नया हासिल न होता अत: कमलिनी को उन्होंने ऐसी नि:स्वार्थ नायिका चित्रित किया है जो इन्द्रजीत

सिंह का प्रेम इस तरह पाना चाहती है कि उनकी प्रेमिका किशोरी को उनसे मिलवाने के लिए ज़मीन-आसमान एक कर दे और तब ज़ाहिर है कि किशोरी भी इन्द्रजीत सिंह की शादी अपने से पहिले कमलिनी से करवाकर उसे पटरानी बनाने का हठ करती है। यह चन्द्रकान्ता और बनकन्या की 'एक-प्राण-एक-शरीर' वाली युक्ति का ही एक-प्राण - दो-शरीर' की युक्ति में रूपान्तरण है जिससे खत्री जी की नायिकाओं का 'स्वकीयत्व' ही नहीं, उनके 'बहुवल्लभ नायकों' का 'एकपत्नीव्रत' भी पुष्ट होता है।

थोड़ा ध्यान से देखने पर पता चलता है कि बलभद्र सिंह की तीन लड़कियों-लक्ष्मी देवी, कमलिनी, और लाडिली—के माध्यम से खत्री जी ने **चन्द्रकान्ता** से **चन्द्रकान्ता-सन्तति** तक आते-आते कुछ 'रीतिकालीन' और 'दास्तानी' रूढ़ियों का एक और पुनर्वाचन भी किया है। बलभद्र सिंह कहीं के राजा नहीं हैं, अधिक से अधिक (जमानिया के ही?) एक जागीरदार हैं और ऐसी हालत में उनकी बेटी लक्ष्मीदेवी का विवाह जमानिया के राजकुमार गोपाल सिंह से तय होना ही आश्चर्य है क्योंकि यह कोई दूसरा-तीसरा विवाह नहीं है, इसी लक्ष्मीदेवी को आगे पटरानी भी बनना है। फिर कमलिनी और लाडिली के भी विवाह उन्हें पटरानी ही बनाने वाले हैं। यह स्थिति चन्द्रकान्ता की नहीं जो राजा की बेटी है और जिसका पटरानी बनना सहज रूढ़ि के अनुरूप है।

'ठकुराने' से 'राजघराने' में बलभद्र सिंह की लड़कियों की 'प्रोन्नति' खत्री जी ने स-कारण की है। अपने कैशोर से ही ये तीन बहिनें 'असहाय' हैं किन्तु उन्हें इन्द्रदेव जैसा अभिभावक मिलता है और वे न केवल 'बाहर घूमने-फिरने' लगती हैं अपितु ऐयारी सीख लेती हैं और बड़े-बड़े कारनामे कर दिखाती हैं। कमलिनी का युद्ध-कौशल इन्द्रजीत सिंह के युद्ध-कौशल की बराबरी का है, बाक़ी दोनों भी अपने-अपने जोड़ों में जोड़ की हैं।

यों तो **होशरुबा** में भी कई नायिकाएँ चतुर और साहसी हैं और उर्दू समालोचना के 'स्त्री-विमर्श' में इस पर ग़ौर भी किया गया है किन्तु जिस बात को वहाँ सामने नहीं लाया जाता वह यह है कि इन सभी नायिकाओं की रण-चातुरी का स्रोत 'असत्य-पन्थ' में उनकी मौजूदगी है जबकि कमलिनी आदि अपनी 'कुलमर्यादा की सीमाओं में रहते हुए

ही' अपना व्यक्तित्व विकसित करती हैं। यह स्त्री के लिए नयी सामाजिक भूमिका है और खत्री जी के समकालीन अनेक 'सामाजिक उपन्यासों' के द्वारा स्त्री के लिए सोची गयी 'अग्रणी' भूमिकाओं से कम अग्रणी नहीं है। इन्द्रजीत सिंह और आनन्द सिंह की सुहागरात के समय जो 'दिल्लगी' खत्री जी ने दिखायी है वह वस्तुतः 'पुरुषों के लिए धर्मोपदेश' को उपन्यास में खपाने के लिए ही है जिसका ऐसा बेबाक बयान तत्कालीन उपदेश-प्रिय कथा-साहित्य में भी दुर्लभ ही है।

यह कहा जा सकता है कि ऐसा केवल तिलिस्मी माहौल में ही सम्भव था और अगर अपने आसपास पर उपन्यास लिखना होता तो खत्री जी शायद ऐसा न कर पाते। यद्यपि खत्री जी के ग़ैर-तिलिस्मी उपन्यास इस आलेख का विषय नहीं हैं, यह कहना में ज़रूरी मानता हूँ कि **काजर की कोठरी** जैसे ग़ैर-तिलिस्मी उपन्यासों में भी खत्री जी ने साहसी और चतुर स्त्री-पात्र गढ़े हैं जो दुष्टों को अपने कौशल से परास्त करते हैं। इन स्त्री-पात्रों का आदर्श वही है जो प्राक्-आधुनिक कथा-साहित्य से चला आ रहा है और जिसे (**चन्द्रकान्ता-सन्तति** इक्कीसवाँ भाग चौथा बयान में) कमलिनी के इन शब्दों में साफ़-साफ़ कहा गया है : ''कमलिनी प्राण दे देना स्वीकार करेगी किन्तु धर्म-विरुद्ध पथ पर चलना कदापि नहीं'' परन्तु अगला वाक्यार्ध, ''आपको मेरी नीयत पर ध्यान देना चाहिए दिल्लगी के कामों पर नहीं'' जिस चुस्त-दुरुस्त तबीयत का परिचायक है उसे सिर्फ़ 'शोख़ी' कहकर नहीं टाला जा सकता; वह नायिका-भेद में एक नयी शाख़ की क़लम है। घूँघट और पालकी के दायरे के भीतर का आदर्श और उसके बाहर का व्यवहार अपनाती हुई ये स्त्रियाँ शायद वर्तमानकालिक 'स्त्री-विमर्श' की रुजहान से तालमेल न बिठा सकें, किन्तु कोई दूसरा मुहावरा गढ़ने की खत्री जी के पास न तो इच्छा थी न क्षमता।

विक्रमादित्य के मुकुट में हुमा का पर

अँगरेज़ों की भारत-विजय का कारण उन सारी चीज़ों को समझा जाता था जिनमें वे भारतीयों से भिन्न थे; इस भिन्नाचार में उनकी शासन-प्रणाली और न्याय-पद्धति भी शामिल थे। १८५७ के समय एक हस्तलिखित पुस्तिका[३१] स्वतन्त्रता-संग्रामियों में बँटी थी। यह शेख़ सईद 'रंग-रक़म (= रंगीन लेखक)' द्वारा और किशोरी दास लाहौरी के तत्त्वावधान में लिखी गयी थी तथा हिन्दुओं और मुसलमानों दोनों को सम्बोधित थी। इस प्रकार यह सुपरिभाषित रूप से सेक्युलर थी। इसमें इस भय को दूर करने का प्रयत्न किया गया था कि अँग्रेज़ जादू जानते हैं और समाधान यह था कि हिन्दू तो ख़ुद ही जादू जानते हैं सो वे उसके बल पर लड़ लेंगे और मुसलमान के लिए यद्यपि जादू हराम है फिर भी उसे जादू तोड़ने की तरकीबें मालूम हैं। यह ठीक वही बात है जो हम ऊपर दास्तानों के प्रसंग में देख आये हैं। इस पुस्तिका में अँग्रेज़ों पर एक आरोप यह भी था कि उन्होंने पाठ्यपुस्तकों में से 'बिस्मिल्लाह' हटवा दिया ''जिन्हें हिन्दू-मुसलमान दोनों इस्तेमाल करते हैं।'' इसमें यह भी कहा गया था कि ईस्ट इण्डिया कम्पनी महारानी विक्टोरिया का भी राज उसी तरह हड़पना चाहती है जिस तरह उसने यहाँ के राजाओं के राज हड़पे हैं और इस कम्पनी ने महारानी विक्टोरिया को इस क़दर लाचार कर रखा है कि वे अपने पति से मिल नहीं सकतीं जिसके नाते उनका अवैध सम्बन्ध अपने एक हब्शी ग़ुलाम से हो गया है और वह उन्हें अफ़रीका भगा ले जाना चाहता है। ज़ाहिर है कि 'कम्पनी' एक वैकल्पिक राज्य-प्रणाली का प्रतीक भी थी।

१८५७ के बाद भारतीयों का अँग्रेज़ों से जो प्रजा-राजा का सम्बन्ध स्थापित

हुआ, उसमें हिन्दू मध्य-वर्ग 'हज़ार बरसों से ग़ुलामी' की बात करता था और उसका लक्ष्य अँग्रेज़ों की भारत से बिदाई भी था। किन्तु विक्रमादित्य और कालिदास की सारी गौरवगाथा गाने के बावुजूद राजनीतिक और आर्थिक सामर्थ्य के लिए हिन्दू अँग्रेज़ी शिक्षा और अँग्रेज़ी ढंग के संगठनों पर ही यक़ीन करते थे। हिन्दू यह सब अपने लिए चाहते थे और चाहते थे कि अँग्रेज़ यहाँ से जायें तो यह सब लिये-दिये प्राचीन गौरव पर भारत पुनः पहुँचे। हिन्दी भाषा में लिखना इस अर्थ में एक राजनीतिक कर्म था जिसे श्रीधर पाठक के शब्दों से समझा जा सकता है :

मेरे हिय-सर में सदा विकसित दुइ अरविन्द
हरि-पद-रति-सुरभित सुभग, इक हिन्दी इक हिन्द॥

श्रीधर पाठक से वरिष्ठ लेखक खत्री जी के भी हृदय-सरोवर में 'हरि-पद-रति-सुरभित हिन्दी' और 'हरि-पद-रति-सुरभित हिन्द' के ये ही दोनों कमल खिले हुए थे यह हम ऊपर देख चुके हैं। मैं उनकी चिन्तन-पद्धति का एक नमूना देकर इस आलेख को समाप्त करना चाहता हूँ।

खत्री जी मनोरंजक उपन्यास (पढ़ते और) लिखते थे तथा मित्रमण्डली के साथ बनारसी रईसों के प्रचलित शौक़ भी निभाते थे किन्तु वे नागरी-प्रचारिणी सभा और भारत धर्म महामण्डल के मन्त्री भी समय-समय पर रहे। वे अपने समय के औसत हिन्दी-सेवियों से भिन्न न थे, सिर्फ़ उनकी सेवा का मार्ग कुछ भिन्न था। वे तिलिस्म और जादू को भी 'ज्ञानविज्ञान' से समझते-समझाते थे यह सभी कहते हैं किन्तु इस 'ज्ञान-विज्ञान' को वे अपने उपन्यास के बाहर भी सच मानते थे और इस पर 'शोधपरक अध्ययन-मनन' भी करते रहते थे। जैसा **चन्द्रकान्ता-सन्तति** (चौबीसवाँ भाग सातवाँ बयान) में उन्होंने बताया है, 'दीवार+ए+क़हक़हा' पर उन्होंने १८९९ में ही एक लेख मेरठ के एक अख़बार में लिखा था, कुछ **चन्द्रकान्ता-सन्तति** के इस 'लेखकीय' में भी बताया है (जो १९०५ में लिखा गया) और कुछ बात बाक़ी रह गयी है जिसको भी "हम समझे हुए हैं परन्तु उसकी केमिस्ट्री (कीमियाई) अभी हम न बतायेंगे, इसको फिर किसी समय पर कहँगे।" यह 'अनुसन्धान' की प्रवृत्ति उनमें वर्तमान थी और इस प्रवृत्ति पर कुछ विचार करना हमारे लिए लाभदायक होगा।

'दीवार+ए+क़हक़हा' उर्दू साहित्य का एक कविसमय है। ऐसा माना जाता है कि यह चीन में बनी एक दीवार है जिस पर चढ़ने वाला व्यक्ति

लगातार हँसता जाता है और फिर उस पार कूद पड़ता है जिसके बाद उसका कुछ पता नहीं चलता। ये दोनों विशेषताएँ नीचे गये दो शेरों में अलग-अलग पहचानी जा सकती हैं।

> दीदार दिलरुबा का दीवार+ए+क़हक़ह० है।
> जिसने उधर को झाँका वह फिर इधर न झाँका॥

— 'मद्दाह' साहब के उर्दू-हिन्दी शब्दकोश में 'दीवारे क़हक़ह:' के अन्तर्गत उद्धृत

> गये थे लोग तो दीवार+ए+क़हक़ह० की तरफ़
> मगर य० शोर मुसलसल है कैसा रोने का॥

—शहरयार

खत्री जी लिखते हैं "मुसलमानों के प्रथम राज्य में उस समय के हाकिम ने इस दीवार की अवस्था जानने के लिए एक कमीशन भेजा था जिसके सफ़र का हाल दुनिया के अख़बारों से प्रकट हुआ है।" आगे जो 'जानकारी' है वह तो कुल इतनी ही है जितनी ऊपर के दो शेरों में दी गयी है किन्तु 'हँसने का कारण' खत्री जी ने यह बताया है कि दीवार उसी ऊँचाई पर बनी है जिस ऊँचाई पर हवा में 'लाफ़िंग गैस' मिलती है। यह व्याख्या उन्होंने केवल 'दीवार+ए+क़हक़ह०' को समझाने के लिए नहीं की, उन्होंने इस दीवार से ही (**चन्द्रकान्ता-सन्तति**, पाँचवाँ भाग पाँचवाँ बयान में) उस तिलिस्म के अन्दर इन्द्रजीत सिंह को पहुँचाया है जिसे उन्हें तोड़ना है और फिर (**चन्द्रकान्ता-सन्तति** चौबीसवाँ भाग सातवाँ बयान में) ऐसी दीवार बनवायी भी है जिसके निर्माण में 'कीमियाई' के साथ-साथ 'बिजली' का भी सहयोग लिया गया है। उनके तिलिस्मी ख़ंजर का भी सारा तिलिस्मीपन 'बिजली की ताक़त' में ही छिपा हुआ है। यह ध्यान देना चाहिए कि भारत में 'बिजली की ताक़त' का पहला नमूना १८७९ में दिखाया गया और बिजली की सार्वजनिक उपलब्धता पहली बार १८९७ में—अर्थात् **चन्द्रकान्ता-सन्तति** के कई हिस्से छप जाने के बाद—हुई जब कलकत्ता में बिजली की आपूर्ति हेतु एक कम्पनी को ठेका मिला। ऐसे में तिलिस्म को 'तर्कसंगति' के अधीन लाने के लिए खत्री जी की यह चेष्टा अपनी 'ताज़ागोई' के नाते भी बरबस ध्यान खींचती है।

खत्री जी समझते थे कि हवा नाइट्रोजन तथा ऑक्सीजन आदि कई गैसों

की सतहों से बनी होती है और उन्हें निश्चय ही यह न मालूम होगा कि यह 'लाफ़िंग गैस' अर्थात् 'नाइट्रस ऑक्साइड' वस्तुतः प्रयोगशाला में बनती है। किन्तु हमें भी आज की स्कूली पढ़ाई के भरोसे ऐसा न फूल जाना चाहिए कि हम यह भूल जायें कि १७७२ में अपनी ईजाद के बाद यह गैस कोई सत्तर बरस तक 'सूँघिए और हँसिए' का खेल-तमाशा दिखाने के काम आती थी। सैमुएल टेलर कालेरिज (Samuel Taylor Coleridge) समेत कई कवि इसे अपनी 'रेव पार्टीज़' में इस्तेमाल करते थे और इसकी 'तरंग' में उनकी कुछ कविताएँ भी लिखी गयी बतायी जाती हैं। कवि रॉबर्ट सवदी (Robert Southey) ने इस गैस की उपमा 'स्वर्ग की हवा' से दी है। विदेश के अख़बारों में इस 'रहस्यमय' गैस की दिलचस्प चर्चा आती रहती थी जिसका कुछ चटखारा ज़रूर उन अख़बारों में आया होगा जिन्हें खत्री जी पढ़ते थे। हमें उनके शोध की वैज्ञानिकता पर नहीं, उनकी इस ख़याली उड़ान पर ध्यान देना चाहिए जिसने उन्हें अपना 'नया तिलिस्म' रचने में मदद की। इसी 'उड़ान' के भरोसे उन्होंने यह कहा है कि जैसे 'ग्वालियर की ज़मीन में यह खिंचाव है कि वहाँ जाने वाला फिर वहीं का रह जाता है वैसे ही दीवार+ए+क़हक़ह० के उस पार की ज़मीन में भी खिंचाव होगा।'[४०]

खत्री जी को अपने 'तिलिस्म' को इतना तर्कसंगत बनाने की क्या ज़रूरत पड़ी? वे अपने उपन्यासों में यह तो ध्यान नहीं रखते कि तिलिस्म में बरसों तक क़ैद लोग सिर्फ़ 'मेवों के दरख़्तों' पर कैसे गुज़ारा करेंगे फिर वे जादू का कोई तत्त्व वे अपनी रचना में क्यों नहीं आने देना चाहते? यह भी नहीं कहा जा सकता कि वे 'उर्दू दास्तान' में आने वाले जादू-टोने को विधर्मी मानकर ऐसा कर रहे थे क्योंकि 'जादू-टोना' प्राचीन भारतीय वाङ्मय के लिए कोई अनोखी बात न थी। वे तपस्वी महात्माओं के आशीर्वाद और उनके दिये गये मन्त्र तथा दिव्यास्त्रों के भरोसे अपने नायकों से बड़े कारनामे करवा सकते थे किन्तु वह भी उन्होंने नहीं किया। उनके नायक शूरवीर हैं किन्तु उनके पास तिलिस्मी ख़ंजर भी है और इस ख़ंजर में बिजली है। मेरे विचार में यह स्वीकार किया जाना चाहिए कि खत्री जी इस 'बिजली' पर भरोसा इसलिए कर रहे हैं कि यह 'अँग्रेज़ों की ईजाद' थी। खत्री जी ने फ़ारसी-उर्दू का 'कीमियाई' शब्द इस्तेमाल किया किन्तु वे इसको मध्यकालीन अर्थच्छवि से मुक्त

करते हुए 'केमिस्ट्री' का पर्याय बताते हैं। वे 'केमिस्ट्री' और 'इलेक्ट्रिसिटी' के भरोसे अपना तिलिस्म रच रहे हैं। 'अँग्रेज़ों का जादू' यही था जिसके भरोसे वे कभी रेलगाड़ी लेकर आते थे, कभी बेतार का तार, कभी बिजली। उपन्यास का समापन करते हुए खत्री जी पूछते हैं, ''रेल तार बिजली आदि के कार्यों को पहले कौन मान सकता था?'' यह 'अँग्रेज़ों का जादू' पहले भारत में ही था यह अपने बहुत से समकालीनों की तरह खत्री जी भी मानते ही थे क्योंकि ''कभी ऐसा समय था कि यहाँ के आकाश में विमान उड़ते थे'' उन्हीं ने लिखा है।

हम देख चुके हैं कि वीरेन्द्र सिंह ने जो तिलिस्म तोड़ा है वह विक्रमादित्य का बनवाया हुआ है और विक्रमादित्य ने पत्र लिखकर उन्हें इसका अधिकारी बताया है। खत्री जी ने तिलिस्म बनवाने की जो व्याख्या की है उसके अनुसार वीरेन्द्र सिंह विक्रमादित्य के वंशज और उत्तराधिकारी ठहरते हैं। विक्रमादित्य का स्थान भारतीय मन में कलियुग के सर्वाधिक प्रतापी और सर्वाधिक न्यायशील सम्राट के रूप में प्रसिद्ध है और लोक-साहित्य से लेकर शास्त्र-साहित्य तक उनका उल्लेख निरन्तर पाया जाता है। 'विक्रम संवत्' हिन्दुओं के दैनन्दिन कृत्यों में मौजूद है तो 'विक्रम और बेताल' उनकी कहनों और कवित्तों में। हेमू ने मुग़ल शासन से 'स्वतन्त्र हिन्दू राज्य' बनाने पर अपने को 'विक्रमादित्य' कहा तो अकबर ने 'विक्रम संवत्' को बदलने की कोशिश करके अपने को 'बड़ा' साबित करना चाहा। यह निर्विवाद है कि 'विक्रम' का नाम लेने से खत्री जी ने अपनी इस 'तिलिस्मी' रचना को भारतीय मिथकेतिहास की सबसे जीवन्त कड़ी से जोड़ दिया है। उनका वीरेन्द्र सिंह नये भारत का 'विक्रमादित्य' है।

साथ ही, वीरेन्द्र सिंह में एक और ख़ास बात है—वह जब (**चन्द्रकान्ता**, पहला भाग बाईसवाँ बयान में) शिवदत्त से लड़ने के लिए विजयगढ़ पहुँचता है तो उसकी फ़ौलादी टोपी में 'हुमा का पर' लगा हुआ है। 'हुमा' फ़ारसी-उर्दू साहित्य का एक मिथकीय पक्षी है जो केवल सूखी हड्डियाँ खाता है, जिसका साया पड़ने से मनुष्य सम्राट हो जाता है और जिसके (केवल काव्यरूढ़ि में प्राप्य) पर को सुलतान अपने ताज में कलँगी की तरह लगाते हैं। आज भी ईरान में इसकी मूर्ति मौजूद है तथा ईरान की वायु सेवा का नाम इस पर रखा गया है। यह पक्षी ईरानी

इतिहास में इस्लाम के बहुत पहले से है और भाषाशास्त्री इसके 'हुमा' नाम की व्युत्पत्ति प्राचीन ईरानी के शब्द 'होम' से मानते हैं जिसे वे वैदिक संस्कृत के 'सोम' से जोड़ते हैं। इस सन्दर्भ में यह भी स्मरण किया जाता है कि वैदिक साहित्य के अनुसार 'सोम' को स्वर्ग से लाने वाला गरुड़ है जो हुमा से मिलता-जुलता ही एक मिथकीय पक्षी है। इन सब बातों को मिला-जुला कर यह माना जाता है कि 'गरुड़' का ही ईरानी रूपान्तर 'हुमा' है। यहाँ यह याद कर लेना ठीक होगा कि इतिहास में उपलब्ध विक्रमादित्यों में से सर्वाधिक प्रसिद्ध चन्द्रगुप्त गुप्तवंश से था जिसका राजकीय चिह्न गरुड़ था।

इस मिथकीय पक्षी की भारतीय इतिहास में एक ठोस उपस्थिति भी मौजूद है : टीपू सुलतान ने अपने तख़्त पर लगाये गये छत्र में सोना-हीरा-पन्ना आदि का बना हुआ हुमा पक्षी स्थापित कर रखा था जो टीपू की पराजय के बाद ईस्ट इण्डिया कम्पनी द्वारा इंग्लैण्ड के बादशाह जार्ज तृतीय को भेंट में दिया गया। इन्हीं जार्ज तृतीय की पौत्री विक्टोरिया उस समय 'भारत-सम्राज्ञी' थीं जब **चन्द्रकान्ता** लिखी गयी।

भारतीय इतिहास में टीपू सुलतान एक बेहद विवादास्पद चरित्र है। यहाँ उसके शासन की सिर्फ़ दो बातों की ओर ध्यान दिलाऊँगा जो मेरी समझ में इस आलेख के लिए प्रासंगिक हो सकती हैं। पहली यह है कि उसकी एक निजी डायरी उसकी अपनी हस्तलिपि में है जिसमें उसने अपने सैंतीस सपने लिखे हैं और चार का स्वप्नफल भी लिखा है। इनमें से नवम्बर १७९८ में देखा गया एक सपना यह है :

> स्वप्न : मैं बादामों पर अल्लाह के नाम जप रहा था जिनमें मैंने शालग्राम के पत्थर भी मिला दिये थे जिन्हें कि काफ़िर पूजते हैं। जप पूरा होने के बाद मैंने कहा कि काफ़िरों के सभी बुतों ने इस्लाम क़ुबूल कर लिया है। मैंने हुक्म दिया कि सारे शालग्राम पत्थर फिंकवा दिये जायें और उनकी जगह बादाम रख दिये जायें।

[स्वप्नफल : मेरे अनुसार स्वप्नफल यह है कि सारे काफ़िर इस्लाम क़ुबूल कर लेंगे और मुल्क 'सरकार+ए+ख़ुदादाद में आ जायेगा।]

इसमें 'सरकार+ए+ख़ुदादाद (= ईश्वर-प्रदत्त सम्प्रभुता)' टीपू सुलतान द्वारा अपने राज्य को दिया गया नाम है। कहीं-कहीं यह 'सुल्तनत+ए+

ख़ुदादाद' के रूप में भी दिखायी देता है—भाव एक ही है। वर्तमान समय में पाकिस्तान अपने को इसी अर्थ में 'मम्लुकत+ए+ख़ुदादाद'[४१] या 'मुल्क+ए+ख़ुदादाद' कहता है और उसमें सम्मिलित हुई बहावलपुर जैसी कुछ रियासतें भी अपने साथ यह विशेषण पहले से ही लगाती रही हैं। इस प्रकार यह भारतीय इतिहास-भूगोल में एक राजनीतिक मुहावरा बन गया है जिसका तात्पर्य ऐसे देश से है जिसमें सब काम इस्लाम के अनुसार होते हों और कोई ग़ैर-मुस्लिम न हो। जहाँ तक पता लगता है, इस मुहावरे की ईजाद टीपू सुलतान ने ही की। नीचे दिये गये दो शेर कुछ हद तक इसका भाव बताते हैं :

चलो वो कुफ्र के घर से सलामत आ गये लेकिन
ख़ुदा की मम्लुकत में सोख़्त०जानों प० क्या गुज़री ॥

—साहिर लुधियानवी

जी भर के क़त्ल+ए+आम किया पहले हर तरफ़
फिर मम्लुकत को उसने ख़ुदादाद कर दिया।

—नोमान शौक़ी

टीपू सुलतान से सम्बन्धित दूसरी बात मुझे यह कहनी है कि उसने एक नया संवत् चलाया था। भारतीय इतिहास में अकबर के बाद टीपू के अतिरिक्त किसी मुसलमान शासक ने कोई संवत् नहीं चलाया क्योंकि सभी मुसलमान अपनी एक अन्तरराष्ट्रीय इकाई मानते हैं जिनके लिए दूसरे ख़लीफ़ा हज़रत उमर ने 'हिजरी संवत्' चला रखा है जिसका प्रारम्भ हज़रत मुहम्मद के मक्का से मदीना जाने से होता है। टीपू ने अपने चलाये संवत् को 'मौलूदी' कहा है अर्थात् वह हज़रत मुहम्मद के जन्म से प्रारम्भ होता है। मुख्य बात यह है कि यह संवत् फ़ारसी नामों के साथ विक्रम संवत् ही है—जैसे कि यह चैत्र शुक्ल प्रतिपदा से ही प्रारम्भ होता है, इसमें 'अधिक-मास' की विधि वही है जो विक्रम संवत् में है, आदि-आदि। इसी के साथ उसने भारतीय ज्योतिष में प्रचलित साठ बार्हस्पत्य संवत्सरों का चक्र भी फ़ारसी नामों के साथ स्वीकार कर लिया।

ये सारी बातें उन दिनों अख़बारों और पत्रिकाओं में आती रहती थीं। मिशेल फूको का शब्द इस्तेमाल करें तो यह 'दमित ज्ञान (= subjugated knowledge)' था जो 'शोध' से सामने आ रहा था। एक कड़ी बनती है :

विक्रमादित्य का साम्राज्य-चिह्न गरुड़ (हुमा के रूप में) पहले यवनों फिर गुरुण्डों ने हड़प लिया था, 'अभिनव विक्रमादित्य' वीरेन्द्र सिंह ने साम्राज्य-चिह्न गरुड़ को वापस लिया फिर विक्रमी तिलिस्म तोड़कर पुराना ख़ज़ाना भी निकाला और न्यायपूर्वक शासन करने लगा। इसीलिए इस विक्रमादित्य के मुकुट में हुमा का पर लगा हुआ है।

यह वह 'भविष्यत्' नहीं है जिसकी ओर हम खिसक रहे हैं और जो हमारे पहुँचते ही वर्तमान में बदल जायेगा। इसे हम कल्कि अवतार के मुहावरे में नहीं समझ सकते। मैंने अपने एक निबन्ध **साहित्य क्या है?** में लिखा था कि साहित्य में शब्द और अर्थ का सम्बन्ध कभी 'मुँह जोड़ कर बैठे तिरसठ' का तो कभी 'मुँह फेरकर बैठे छत्तीस' का होता है किन्तु अब मुझे लगता है कि यह सम्बन्ध एक खिलौना है जिसमें जब तक आप 'तिरसठ' पढ़ पाते हैं खिलौना 'छत्तीस' बताने लगता है और जब तक 'छत्तीस' पढ़ पाते हैं वह 'तिरसठ' दिखाने लगता है। इसी खिलौने का नाम 'ईश्वर' है जो शब्द और अर्थ का या दूसरी तरह कहें तो अपौरुषेय वेद और पौरुषेय संसार का सम्बन्ध निर्धारित करता है। यदि आप इस ईश्वर नामक खिलौने को गतिहीन कर देते हैं तो आप मज़हब गढ़ते हैं किन्तु यदि आप इसे गतिमान रहने देते हैं तो साहित्य गढ़ते हैं। इसीलिए साहित्य को अपने साहित्य होने के लिए अनिवार्यतः मज़हब से हटते रहना पड़ता है :

बड़े मौक़े से थी हरचन्द वह जन्नत के बाहर थी
हरम से हट के रस्ते में मिली मय की दुकाँ मुझको॥

—रियाज़ ख़ैराबादी।

खत्री जी के तिलिस्म में दौलत है लेकिन जैसा मैंने ऊपर इशारा किया है, वह दौलत अपने औपन्यासिक अस्तित्व में भी प्रतीकात्मक है। **चन्द्रकान्ता-सन्तति** (इक्कीसवाँ भाग, पाँचवाँ बयान) में जब पूरा तिलिस्म तोड़कर इन्द्रजीत सिंह सबको उसकी सैर कराने को ले जाते हैं तो पता लगता है कि वहीं से एक और तिलिस्म में जाने का रास्ता है 'जिसमें केवल अनूठे अद्‌भुत आश्चर्य गुण वाले हरबे रखे हुए हैं, जिसमें 'ख़ज़ाना कुछ नहीं है', जिसे 'तोड़ भी सकते हैं'। किन्तु 'अभी तक ऐसा करने का इरादा नहीं किया।' वस्तुतः जो तिलिस्म टूट गया वह इस दिव्यास्त्रों

वाले तिलिस्म को तोड़ने का बुलावा है—यह पूछता हुआ कि वह अनटूटा तिलिस्म तोड़ने का इरादा विक्रमादित्य के वंशज कब करेंगे।

जाक़ दरीदा ने मारिस ब्लांशो की एक कहानी की चर्चा की है। शहर के दरवाज़े पर मसीहा आया हुआ है और उससे जो सवाल किया जा सकता है वह सिर्फ़ यह है : ''तुम कब आओगे?'' खत्री जी के तिलिस्म में भी जब तिलिस्म तोड़ने वाला घुसता है तो तिलिस्म के भीतर की दौलत उससे यही सवाल करती है। मैं जाक़ दरीदा से ही एक शब्द लेते हुए, खत्री जी के तिलिस्म को भविष्यत् का नहीं 'आगमिष्यत्' का वाचक मानने का प्रस्ताव रखता हूँ।[४२]

टिप्पणियाँ एवं सन्दर्भ

1. Reading a novel, War and Peace for example, is no Catnap. Because a novel is so long, reading one is like being married forever to somebody nobody knows or cares about.

   —Kurt Vonnegut, BAGOMBO SNUFF BOX

2. The progeny of Chandrakanta Part II is a continuation of a great work on the subject in Hindi. It is the only work of its kind in that language and is much read and admired by the people. When complete, it will vie with the two gigantic works on fiction in Urdu, the Bostan-i khayal and Dastan-i Amir Hamz. It is marked by the complete absence of the indecencies found in its rival publications.

   —NWP Administrative Report १८९७-९८ **देवकीनन्दन अभिनन्दन ग्रन्थ** (लहरी बुक डिपो, वाराणसी; १९६३) की भूमिका में सम्पादक श्री गिरीश चन्द्र त्रिपाठी द्वारा उद्धृत

३. इस आलेख में राजेन्द्र यादव की पुस्तक **अठारह उपन्यास** (राधाकृष्ण प्रकाशन) के २००८ में प्रकाशित संस्करण के अन्तर्गत संकलित निबन्ध **दयनीय महानता की दिलचस्प दास्तान : चन्द्रकान्ता- सन्तति** से ही सन्दर्भ दिये गये हैं। निबन्ध में यत्र-तत्र कुछ भूलें हैं, जैसे शिवदत की सेना के सेनापति प्रभाकर सिंह को वीरेन्द्र सिंह की सेना का सेनापति बताना।

४. इनकी एक किताब **तिलिस्मी साहित्य का साम्राज्य-विरोधी चरित्र** शिल्पायन से २००७ में छपी है। पुस्तक में यत्र-तत्र कुछ भूलें हैं, जैसे मायारानी

अर्थात् हेलासिंह की विधवा पुत्री मुन्दर को 'मशहूर वेश्या मुन्दर' बताना।

५. PRINT AND PLEASURE, Permanent Black (2009) chapter 6। आगे जो सन्दर्भ फ्रान्चेस्का ओर्सिनी के आयेंगे, इसी पुस्तक के इसी अध्याय से होंगे।

६. इस बीच **चन्द्रकान्ता** के कई अँग्रेज़ी अनुवाद छप गये हैं जिनमें मंजु गुप्ता (IN THE MYSTERIOUS RUINS के नाम से), दीपा अग्रवाल, तथा पंकज भान के किये गये अनुवाद शामिल हैं। **चन्द्रकान्ता** की ई-बुक भी मौजूद है और मोबाइल के लिए उसका 'ऐप' भी है (इस 'ऐप' में चन्द्रकान्ता के साथ **चन्द्रकान्ता-सन्तति** भी शामिल है)।

७. लहरी प्रेस से बीरेन्द्रबीर के १९०२ में प्रकाशित संस्करण के पिछले पन्ने पर छपा जो विज्ञापन फ्रान्चेस्का जी ने अपनी पुस्तक में पुनर्मुद्रित किया है उसके अनुसार १९०२ तक यह उर्दू संस्करण उपलब्ध था। इस विज्ञापन से यह भी जानकारी मिलती है कि **चन्द्रकान्ता** का नेपाली भाषा में भी अनुवाद छप चुका था। यहाँ यह बताना ज़रूरी है कि मेरे अनुरोध पर मेरे दो युवा मित्रों, प्रतिभाशाली भोजपुरी कवि-कथाकार प्रकाश उदय तथा हिन्दी कहानीकारों की नयी पीढ़ी के सर्वाधिक सशक्त हस्ताक्षरों में शुमार किये जाने वाले चन्दन पाण्डेय, ने लहरी प्रेस के वर्तमान संचालकों से सम्पर्क किया है और पाया है कि उन लोगों को इस संस्करण की कोई जानकारी नहीं है।

८. देखिए Benjamin Gatling की ओहायो विश्वविद्यालय में जमा की गयी थीसिस Negotiations in Performance; यह इन्टरनेट पर उपलब्ध है। यह अध्ययन १९७६ में दो अफ़ग़ानी किशोरों द्वारा सुनाये गये अफ़सानों पर आधारित है।

९. डॉ. वासुदेव शरण अग्रवाल की टीका से युक्त **पदमावत** में 'गोरा बादल युद्ध खण्ड' के अन्तर्गत छन्द-संख्या ६३५ (अर्थात् ५३-१५) में इस दास्तान से तीन नाम आये हैं, 'अमीर हमज़ा', 'लिंघउर देव', और 'आदी'। इनमें से 'आदी' को दास्तान के एक पात्र के रूप में न पहचान पाने के नाते डॉ. अग्रवाल ने इसका अर्थ 'बिलकुल' किया है। इस प्रसंग को पढ़ने पर मुझे ऐसा लगता है कि जायसी के अनुसार गोरा की मृत्यु अमीर हमज़ा के ही हाथ हुई। 'हमज़ा' का अर्थ 'सिंह' होता है और इस बात का भी जायसी ने बराबर उपयोग किया है।

१०. दुष्प्राप्य मूल ग्रन्थ से इस उद्धरण के लिए मैं पाशा मुहम्मद खान के निबन्ध A Handbook for Storytellers: The Tiraz al-akhbar and the

Qissa Genre शीर्षक लेख का ऋणी हूँ जो इन्टरनेट पर उपलब्ध है।

११. विशेष विस्तार से जानने के लिए देखिए प्रो. ग्यान चन्द की उर्दू में लिखी पुस्तक **उर्दू की नसरी दास्तानें** जो उत्तर प्रदेश उर्दू अकादमी से छपी है। कुछ जानकारी Frances Pritchett द्वारा किये गये दास्तान+ए+अमीर-हमज़ा के अँग्रेज़ी अनुवाद के प्रारम्भिक अध्यायों में भी है जो columbia.edu पर उपलब्ध है। मुशर्रफ़ अली फ़ारूक़ी ने जो **दास्तान+ए+अमीर-हमज़ा** और **तिलिस्म+ए+होशरुबा** के अनुवाद किये हैं उनके सम्बन्ध में उनके कुछ लेख भी अमरीका से प्रकाशित THE ANNUAL OF URDU STUDIES में छपे हैं; वे भी पढ़ने लायक़ हैं। २०१४ के बाद इस पत्रिका का प्रकाशन बन्द हो गया है किन्तु ये लेख नेट पर उपलब्ध हैं।

१२. मेरे पास नवलकिशोर प्रेस से प्रकाशित **तिलिस्म+ए+होशरुबा** का ख़ुदाबख़्श लाइब्रेरी पटना द्वारा पुनर्मुद्रित संस्करण मौजूद है; सन्दर्भ और उद्धरण उसी से हैं।

१३. **भूतनाथ** के कुल इक्कीस भाग हैं जिनमें प्रारम्भिक छह भाग ही खत्री जी लिख पाये थे, शेष पन्द्रह भाग उनके सुयोग्य पुत्र श्री दुर्गाप्रसाद खत्री ने १९१३ में खत्री जी की मृत्यु के बाद लिखकर छपवाये और **रोहतासमठ** अलग से लिखकर एक 'दफ़्तर' और जोड़ा। सच पूछिए तो यह उपन्यास-शृंखला समाप्त नहीं हुई क्योंकि **हीरों की घाटी** नाम से इसका नया दफ़्तर खत्री जी के प्रपौत्र श्री विवेक खत्री लिख रहे हैं जिसका एक भाग प्रकाशित हो चुका है।

यहाँ यह बताना उचित है कि व्यावसायिक कारणों से पूरे भूतनाथ पर देवकीनन्दन खत्री जी का ही नाम जाता रहा जिसके नाते जब खत्री जी का कॉपीराइट ख़त्म हुआ और शारदा प्रकाशन ने इसे छापा तो श्री दुर्गाप्रसाद खत्री के पुत्र श्री कमलापति खत्री ने मुक़दमा किया जिसके आधार पर दिल्ली हाईकोर्ट में जस्टिस किरपाल की बेंच ने अक्टूबर १९८७ के अपने फ़ैसले में यह आदेश दिया कि शारदा प्रकाशन इस उपन्यास का हिसाब अलग रखे जब तक कि इसके लेखक का निर्णय नहीं हो जाता।

१४. दास्तान-साहित्य में विख्यात इस ऐयार का यह नाम 'ऐन, मीम, रे, वाव' की वर्तनी से लिखा जाता है इसलिए कई लोग इसका उच्चारण 'उमरू' या 'उमरो' भी कर देते हैं। ऐसा बच्चों के लिए छपने वाले उर्दू के **चित्रकथा साहित्य** में प्राय: होता है जहाँ इसे कई जगह 'बनारस का ठग' भी बताया जाता है। वस्तुत: इस वर्तनी में अन्तिमाक्षर 'वाव' केवल यह बताने के लिए है कि यह नाम ख़लीफ़ा उमर का नहीं है, अर्थात् वर्तनी तो 'ऐन, मीम, रे' ही है किन्तु यदि ऐसा लिखा

जायेगा तो 'उमर' पढ़े जाने और इस प्रकार इस भ्रम के उपजने की सम्भावना होती है कि बात ख़लीफ़ा उमर की हो रही है, यह भ्रम न हो इसलिए 'वाव' जोड़ते हैं। 'वाव' जोड़ने की तकनीकी के बाद जो व्यक्तिवाचक संज्ञा मिलती है वह है 'अम्र' किन्तु **दास्तान+ए+अमीर हमज़ा** में बताया गया है कि यह उच्चारण 'अमर' होना चाहिए अत: यही उचित उच्चारण है। 'अम्र' का अर्थ है 'आयु' और 'अमर' एक पहाड़ी को कहते हैं जो मक्का का जलस्रोत भी है।

१५. 'अन्बिया' का शब्दिक अर्थ है 'पैग़म्बरों'। यह 'नबी' का बहुवचन है। इस्लाम हज़रत इब्राहीम से लेकर हज़रत ईसा तक उन सभी पैग़म्बरों को मान्यता देता है जिनके नाम बाइबिल में आये हैं और भारतीय इस्लाम में यह माना जाता रहा है कि कुल सवा लाख पैग़म्बर हज़रत मुहम्मद के पहले पूरी दुनिया में भेजे गये थे। इस अवधारणा के तहत 'अवतार' को 'पैग़म्बर' मानकर बहुत से भारतीय कथनों को इस्लाम में कभी-कभार खपा भी लिया जाता है।

१६. **चन्द्रकान्ता-सन्तति**, इक्कीसवाँ भाग, सातवाँ बयान। ऐसा लगता है कि खत्री जी अपने ऊपर हो रहे लगातार आक्रमणों के प्रति बहुत रक्षात्मक हो चले थे। आज इस विवाद को पुन: देखने से लगता है कि उन पर किये जाने वाले आक्षेप अनावश्यक थे और सम्भवत: उनके उपन्यासों की लोकप्रियता ने भी कुछ ईर्ष्या जगायी थी। उनकी अपनी पत्रिका **सुदर्शन** में (जिसके सम्पादक पण्डित माधव प्रसाद मिश्र थे) कई लेख उनके उपन्यास-लेखन के समर्थन में छपे थे। इससे अलग, अपने उपन्यास के भीतर भी वे पाठकों से प्रत्यक्ष संवाद के माध्यम से यह समझाना चाहते हैं कि वे बेसिरपैर की नहीं उड़ा रहे हैं। उपन्यास समाप्त करते-करते **चन्द्रकान्ता-सन्तति** के चौबीसवें भाग के अन्तिम दो बयानों में उन्होंने सातवें के अन्तर्गत अपने द्वारा वर्णित तिलिस्म के 'सम्भव' होने के पक्ष में और आठवें के अन्तर्गत अपने उपन्यासों की भाषा के पक्ष में बहुत कुछ लिखा है जिससे यह बिलकुल साफ़ है कि मूल्यों के स्तर पर वे अपने आलोचकों से सहमत थे और मतभेद केवल उन मूल्यों को व्यावहारिक स्तर पर उतारने की प्रविधि का है, अर्थात् वे मानते थे कि घटनाएँ 'विश्वसनीय' होनी चाहिए और भाषा संस्कृतनिष्ठ होनी चाहिए किन्तु इन लक्ष्यों को साधने का उनका अपना तरीक़ा है। इस बहस की 'समकालीनता' समझने के लिए यह जानना भी सहायक हो सकता है कि **चन्द्रकान्ता-सन्तति** १९०५ में छपा है और खत्री जी ने अपनी बात के समर्थन में १४ मार्च, १९०५ तथा ३० मार्च, १९०५ के **अवध अख़बार** से उद्धरण दिये हैं।

१७. **चन्द्रकान्ता**, दूसरा भाग, ग्यारहवाँ बयान।

१८. हिब्रू वर्णमाला के बाईस वर्णों में छह वर्ण और जोड़कर अरबी वर्णमाला बनती है। मूल हिब्रू वर्णमाला के क्रम से लिखे जाने पर जो क्रम बनता है वही 'अबजद' कहलाता है क्योंकि इसमें 'अलिफ़, बे, जीम, दाल...' यह क्रम मिलता है; नये छह वर्ण यथास्थान फ़िट किये जाते हैं। इस क्रम में प्रत्येक अक्षर का आंकिक मूल्य देते हुए इसका जादुई महत्त्व भी माना जाता है जो यहूदी रहस्यविद्या 'कबाला' पर आधारित है।

१९. यदि ऊर्ध्वाधर क्रम से दो रेखाएँ फिर दो बिन्दु लिखे जायें तो रमल-विद्या में इस आकार का नाम 'नुसरतुद्दाख़िल', अर्थात् 'भीतरी विजय' है।

२०. देखिए **चन्द्रकान्ता**, दूसरा भाग, चौबीसवाँ बयान।

२१. राजेन्द्र यादव ने यह नाम 'विष्णुदत्त शर्मा' लिखा है; इसका क्या आधार है, पता नहीं। मेरे ख़याल में जिस एक जगह दारोग़ा का नाम आया है, वह **भूतनाथ** में मालती की उसको लिखी चिट्ठी में है और शायद प्रभाकर सिंह और सोमदत्त (की प्रतिमा) के बीच की बातचीत में भी यह नाम आया है। इस समय पास में **भूतनाथ** न होने के नाते सन्दर्भ देने में मैं असमर्थ हूँ।

२२. निजी जीवन में खत्री जी को सम्भवत: अपने अनेक अन्य समकालीनों की तरह ही कुछ विश्वास पराभौतिकता पर रहा होगा। उनके मित्रों में एक अवधूत भी बताये जाते हैं जो शवसाधना करते थे; यद्यपि इस साधना का ज़िक्र खत्री जी ने अपने उपन्यास में नहीं किया, उनके पुत्र श्री दुर्गाप्रसाद खत्री ने अपने उपन्यास **सफ़ेद शैतान** में किया है।

२३. यहाँ 'दर्शन-शास्त्र के जानने वाले' यद्यपि 'फिलासफर' शब्द का अनुवाद है, हमें यह ध्यान रखना चाहिए कि उस समय यह शब्द हिन्दी में 'वैज्ञानिक' के अर्थ में प्रयुक्त होता था। खत्री जी ने **चन्द्रकान्ता-सन्तति** के चौबीसवें भाग, सातवें बयान में १४ मार्च, १९०५ के **अवध अख़बार** से जो उद्धरण दिया है, उसमें यह शब्द इसी अर्थ में प्रयुक्त है। वैसे अँग्रेज़ी में भी मूलत: इस शब्द का यही अर्थ है, उदाहरण के लिए जिसे 'भौतिकी' कहते हैं उसका नाम नैचुरल 'फिलासफी' भी है।

२४. इस प्रकार महमूद ग़ज़नवी का पिता एक ग़ुलाम रहा था और यदि हम फ़िरदौसी के व्यंग्यकाव्य पर यक़ीन करें तो उसकी माता भी एक ग़ुलाम परिवार से थी। सामान्यतया इस कथन का सीधा मतलब यह निकलता है कि अल्प तिगीन महमूद का सगा नाना था किन्तु सबुक तिगीन ने बड़े बेटे महमूद को उत्तराधिकार नहीं सौंपा था, छोटे बेटे इस्माइल को सौंपा था और इसका कारण यह बताया

जाता है कि इस्माइल की माँ सबुक तिगीन के पुराने मालिक अल्प तिगीन की बेटी थी और महमूद की माँ किसी अन्य परिवार से थी।

फ़िरदौसी द्वारा व्यंग्यकाव्य लिखने का कारण यह बताया जाता है कि फ़िरदौसी के **शाहनामा** के प्रत्येक शेर पर महमूद ग़ज़नवी ने एक दीनार (दीनार = सोने का सिक्का) देने का वादा किया था और इस प्रकार कवि को साठ हज़ार दीनार की आशा थी। फ़िरदौसी एक बड़े ज़मींदार परिवार से आता था किन्तु उसके दिन ग़रीबी में बीत रहे थे और उसे उम्मीद थी कि यह पारिश्रमिक मिल जायेगा तो वह अपनी बेटी की शादी धूमधाम से कर सकेगा। किन्तु जब काव्य पूरा हो गया तो महमूद ने केवल बीस हज़ार दिरहम (दिरहम = चाँदी का सिक्का) दिये जो कवि ने तत्काल एक शराबख़ाने में जाकर बाँट दिये। ऐसा इसलिए हुआ कि फ़िरदौसी **शीआ** था और महमूद ग़ज़नवी सुन्नी। क्षुब्ध होकर फ़िरदौसी ने महमूद ग़ज़नवी की हँसी उड़ाते हुए एक व्यंग्य कविता लिखी। बदनामी से लज्जित होकर महमूद ने फिर पूरे पैसे भिजवाये किन्तु जब वे पैसे पहुँचे, फ़िरदौसी का शव क़ब्रिस्तान के लिए निकल रहा था। ये पैसे फ़िरदौसी की बेटी ने लेने से इनकार कर दिये, उधर शव को भी **शीआ** होने के नाते क़ब्रिस्तान में जगह न मिल सकी और फ़िरदौसी को अपने निजी बग़ीचे में दफ़नाया गया।

२५. इसका यह अर्थ नहीं है कि सेना में हिन्दू को कभी भी जगह नहीं मिलती थी। लोग ख़ास तौर पर यह उदाहरण देते हैं कि महमूद ग़ज़नवी की फ़ौज में भी कुछ हिन्दुओं का नाम आता है। अल्तमश के चालीस तुर्कों में भी एक 'हिन्दू ख़ान' मौजूद हैं। किन्तु 'हिन्दू' शब्द को कोई गरिमा नहीं प्राप्त थी।

२६. फ़ारसी लिपि में 'सोमनाथ' और 'सूमनात' एक ही तरह से लिखे जायेंगे।

२७. इस 'मागी' से ही अँग्रेज़ी का 'मैजिक' शब्द निकला है। ये 'मागी' ईरान से उजड़ कर भारत चले आये और यहाँ 'मग' या 'शाकद्वीपी ब्राह्मण' के रूप में प्रसिद्ध हुए। माना जाता है कि इन्हें भगवान् कृष्ण के पुत्र साम्ब ने बुलवाया था क्योंकि रोग–मुक्ति के लिए उन्हें सूर्य की आराधना करवानी थी और सूर्य–पूजा के ये ही विशेषज्ञ थे। बाद में ईरान में जब इस्लाम आया तो ज़रदुश्ती भी उजड़कर भारत आये और यहाँ 'पारसी' के नाम से जाने जाते हैं।

२८. कोह+ए+क़ाफ़ = 'क़ाफ़' नामक पर्वत जो इस संसार के अन्त में है। इसकी कल्पना भारतीय पौराणिक साहित्य में वर्णित लोकालोक पर्वत के आधार पर की गयी लगती है जो इस ब्रह्माण्ड की सीमा पर स्थित माना जाता है। कथा के उल्लेख और संक्षिप्त चर्चा के लिए देखिए Frances Pritchett का लेख

WOMEN, DEATH, AND FATE : Sexual Politics in the dastana-e-Amir Hamza । यह इन्टरनेट पर उपलब्ध है। इन्टरनेट पर उपलब्ध उनके द्वारा किये गये **हमज़ा** के अनुवाद में यह कथा अध्याय ४८ में है।

२९. कोई कुतर्क पर उतर आये तो कह सकता है कि अफ़रासियाब तूरानियों का नायक और ईरानियों का खलनायक है। किन्तु जमशेद तो ईरानी नायक ही है भले उसकी कहानी का अन्त त्रासद है। वस्तुतः यहाँ प्रासंगिकता नायकत्व और खलनायकत्व की नहीं है, प्रताप और शौर्य की है। उदाहरण के लिए ईरानियों के लिए दारा नायक है और ईरानी सभ्यता को नष्ट करने वाला सिकन्दर खलनायक किन्तु कालान्तर में **सिकन्दरनामा** लिखा ही गया है। नौशीरवाँ हो, अफ़रासियाब हो, जमशेद हो, दास्तानों के समय का पर्शियनेट सांस्कृतिक परिवेश इनमें से किसी का भी इस तरह अपमान करने की अनुमति नहीं देता जिस तरह दास्तान में किया गया है।

३०. भारतीय लोहे की तलवार सर्वोत्तम मानी जाती थी इसलिए तलवार की प्रशंसा में उसे 'हिन्दू' और 'हिन्दी' कहा जाता था।

३१. मस्जिद के जेर+ए+साय० ख़राबात चाहिए
भौं पास आँख क़िबल०+ए+हाजात चाहिए।

—मिर्ज़ा ग़ालिब

[ज़ेर+ए+साय) = छाँह के नीचे; ख़राबात = मदिरालय; क़िबल० = मक्का में वह जगह जिसकी ओर मुँह करके मुसलमान नमाज़ पढ़ते हैं, क़िबल०+ओ+हाजात = जहाँ से आशाएँ पूरी हों। (आँख मदिरालय से तुलनीय है, भौंह मिहराब (अर्थात् मस्जिद में वह धनुषाकृति रचना जो क़िबला की दिशा बताती है, से)।]

३२. मेरे विचार में 'अदराज' न होकर 'रुदराज (= रुद्राक्ष) होगा, कुछ और ग़लतियाँ भी हैं जो छपाई की या फिर मेरे पढ़ने की हो सकती हैं।

३३. इस घटना का उल्लेख **होशरुबा** में भी है और बख़्तक के बेटे बख़्तियारक को (जो उस भोजन में शरीक था) इस बात की याद करके अमर ऐयार से डरता हुआ दिखाया गया है।

३४. 'पराजागतिकता' को मैंने अपने ही गढ़े हुए एक अँग्रेज़ी शब्द paracosmology के हिन्दी अनुवाद के रूप में रखा है।

३५. यह समीक्षा http://www.strangehorizons.com/reviews/2009/06/hoshruba- पर उपलब्ध है। किन्तु इस समीक्षा की कठिनाई भी परिवेश

से अधूरे परिचय की है। उदाहरण के लिए वे कहते हैं कि **होशरुबा** में जो 'चर्बी से होम करना' दिखाया गया है वह हिन्दू के लिए अकल्पनीय है जबकि कुछ तान्त्रिक प्रक्रियाओं में ऐसा होता है।

३६. इसकी कुछ झलक पाने के लिए Tatiana Dubyanskaya के Cracow Indological Studies, Vol XV (2013) में प्रकाशित निबन्ध Tyrants, Villains, Belles, and Saints: Stereotyped Portraits of Muslim Characters in Early Hindi Novels तथा Arthur Dudney के निबन्ध Keeping the Magic Alive पर नज़र डालिए। दोनों निबन्ध इन्टरनेट पर उपलब्ध हैं।

३७. यह सूचना डॉ. लक्ष्मीसागर वार्ष्णेय के ग्रन्थ *आधुनिक हिन्दी साहित्य में* पृ. १८९ पर है।

३८. उदाहरण के लिए चन्द्रकान्ता (तीसरा भाग सातवाँ बयान) में चपला का बुड्ढी औरत के भेस में बीरेन्द्र सिंह से यह कहना कि 'पहले मुझसे शादी करो' इस तर्क पर है कि वह चन्द्रकान्ता की सखी होने के नाते बीरेन्द्र सिंह से जीजा-साली का रिश्ता मानती है। इस तरह की दिल्लगी के बहुत महीन इशारे उपन्यास में कई जगह मिलेंगे। उदाहरण के लिए उपन्यास समाप्त होते-होते **चन्द्रकान्ता-सन्तति** (चौबीसवाँ भाग पाँचवाँ बयान) में इस प्रकार का एक लम्बा प्रसंग है जिसमें इन्द्रजीत सिंह, किशोरी, कमलिनी, लक्ष्मी देवी, कमला वग़ैरह बैठे हैं और ये सब देवर-भाभी, जीजा-साली आदि के रिश्तों के तहत काफ़ी खुली यौनिक दिल्लगियाँ एक दूसरे से कर रहे हैं।

३९. यह पुस्तिका मेरे देखने में नहीं आयी। इसके बारे में मैंने जो भी लिखा है अहमद मुईन की थीसिस ISLAM AND THE MILLENNIUM के आधार पर लिखा है। यह मिशिगन विश्वविद्यालय में २०१० में जमा हुई थी और अब इन्टरनेट पर है।

४०. इस सिलसिले में एक उड़ान मैं भी भरना चाहता हूँ। 'क़हक़हा' वस्तुतः ताजिकिस्तान में अफ़ग़ानिस्तान की सीमा पर बना हुआ एक कुषाणकालीन क़िला है जिसकी टूटी दीवारें आज भी उस पूर्व-इस्लामी समय की स्मृतियाँ समेटे पर्यटकों के आकर्षण का केन्द्र बनी हुई हैं। इस क्षेत्र के इस्लामी अधिग्रहण के बाद 'अट्टहास' का अर्थ बताने वाले एक सर्वथा भिन्न अरबी शब्द 'क़हक़हा' से इसे जोड़ना बिलकुल ही स्वाभाविक था। खत्री जी की 'ग्वालियर की ज़मीन में खिंचाव वाली' व्याख्या भी सटीक बैठ सकती है अगर हम इसपर ध्यान दें कि अकबर से लेकर

औरंगज़ेब तक ग्वालियर का क़िला ऐसे कैदियों के क़ैदख़ाने के रूप में इस्तेमाल होता था जिन्हें वहीं खपा दिया जाता था और यही उस खिंचाव' की कहानी है जिसके चलते ग्वालियर गया हुआ फिर कहीं और नहीं जाता। हुमायूँ और अकबर के समकालीन ईरान के शाह तहमास्प ने भी क़हक़हा के क़िले में ऐसा ही क़ैदख़ाना बनाया था और इस अर्थ में क़हक़हा की दीवार के उस पार गया नहीं लौटता की लोक-प्रसिद्धि स्वाभाविक है।

४१. 'मम्लिकत', 'मम्लुकत', 'मम्लकत' तीन उच्चारण प्रचलित हैं; पाकिस्तानी उर्दू में शायद अब 'मुम्लिकत' भी प्रचलित हो गया है।

४२. दरीदा ने दो शब्दों का इस्तेमाल किया है। पहला है venir जो अँग्रेज़ी में future के रूप में अनूदित किया जाता है और जिसके लिए मैंने 'भविष्यत्' शब्द का प्रयोग किया है। दूसरा है la-venir जो अँग्रेज़ी में future-to-come के रूप में अनूदित किया जाता है और जिसके लिए मैंने 'आगमिष्यत्' शब्द का प्रयोग किया है। आलेख में इनके विनियोजन की ज़िम्मेदारी मेरी है।